子どもの人権を尊重するって、どうするの？

神原文子
Kambara Fumiko

解放出版社

装丁◉森本良成

はじめに

わが国が「子どもの権利条約」に批准して、昨年二〇二四年に三〇周年を迎えました。そして、ようやく二〇二二年に「こども基本法」が制定され、二〇二三年より施行されました。また、二〇二三年四月から「こども家庭庁」が動き出しました。

「こども基本法」の主旨に沿って、子どもにかかわるさまざまな施策をどんどんと推し進めてほしいと心から願っています。

でも、正直なところ、法律はできましたが、子ども施策を積極的に推し進めるような活発な動きが見えづらいのです。私にだけ見えていないのでしょうか。

そもそも、「こども基本法」について、どれだけの人が知っているのだろうかと疑問に思っています。行政関係者、教育や保育関係者、子育て支援にかかわっている人びとを除いて、多くの一般の人びとの場合は、知っていても他人事として受け止めていたり、あるいは、まったく関心をもっていなかったりするのではないでしょうか。

私たちおとなが、「子どもの権利条約」、「こども基本法」、そして、子どもの人権を尊重することについて無関心なままでよいのだろうかという疑問が、私のなかで膨らんできました。

他方、これまで私は、「子どもの人権を尊重するおとなの役割は何か」、「子どもの人権を尊重するまちづくりをめざして」と題して話をする機会をいただき、自分なりの考えをお伝えしてきました。参加してくださった方々がいつも熱心に聴いてくださって、鋭い質問をしてくださる方、私の本を読みたいと申し出てくださる方、とても参考になったと感想を述べてくださる方など、手前味噌ではありますが、とても好評をいただいてきました。

でも、講演や研修会で話をさせていただくのは九〇分程度で、十分に話し尽くすことができません。また、一回の講演は、数十人から多くても二〇〇人程度の方々にしか聴いていただくことができません。

そのため、「子どもの人権を尊重するということ」について、神原のアイデアの全体をお伝えしたい、講演を聴いてくださった方々で、もう少し詳しく内容を知りたいという方々により詳細をお伝えしたい、さらに、講演を聴いていただけない方々に神原のアイデアをお届けしたいという思いが日増しに強くなりました。そこで、二〇二四年の夏に、原稿をまとめようと決意して、一部は講演録も参考にしながら執筆しました。

実は、こども基本法の解説書や子どもの人権に関する書物を参照しましたが、「では、私たちおとなは、子どもの人権を尊重するために、どうしたらよいのか」という問いに答えるような内容の書物は、意外にも、ほとんどないことに気づきました。その意味で、本書はタイムリーであり、ぜひ多くの方々に関心をもって読んでいただきたいと願っています。

日ごろ、子どもたちとかかわる機会のある多くのおとなの方々に読んでいただきたいとの思いから、できるだけ読みやすい文章を心がけました。そして、ページ数が多くならないようにし、同時に、少しでも単価が抑えられるようにしました。

本書の構成は、以下のとおりです。

第一章では、子どもの人権を尊重するとはどういうことかという問いに、私なりの考えをお伝えするとともに、残念ながら、日本社会が子どもの人権を尊重するとはほど遠い社会である実態について解説しています。

第二章では、日本における、おとなと子どもとの支配―服従関係のなかでまかり通ってきた「子ども差別」の実態と、体罰の弊害について問題提起をしています。

第三章では、子どもの人権を尊重するという視点にたった子どもとのかかわり方について、具体的な事例をあげて解説するとともに、人権尊重の校則について提案しています。

第四章では、子どもの人権を尊重する立場にある私たちおとなが、そもそも自分の人権を尊重しているのだろうかと疑問を呈しています。自分の人権を尊重できていないおとなが、どうして目の前の子どもの人権を尊重することができるのだろうかという思いからです。

第五章では、ジェンダー平等の意味を解説しています。そして、第六章では、多様性を尊重する意味を解説しています。本書で、これらの章を組み込んでいるのは、二〇二〇年に兵庫県三田《さんだ》市で人権意識調査にかかわらせていただき、さまざまな人権課題についてそれらの関連を分析したところ、ジェンダー平等の意識、子どもの人権尊重の意識、多様性を尊重する意識に高い関連が認められたことに起因しています（三田市 2021、神原 2023）。子どもの人権尊重、ジェンダー平等、多様性尊重を、まさに〝三位一体〟の人権意識として子どもたちに伝えていくのはとても有効ではないかと考えたからです。

そして、第七章では、子どもの人権を尊重するまちづくりについて問題提起をしています。地域全体で、すべての地域住民の方々に自分のこととして、子どもの人権尊重にとりくんでいただくことが重要であると考えています。子どもの人権を尊重するまちというのは、同時に、ジェンダー平等の実現をめざすまちであり、多様性を尊重するまちでもあります。

だれにとっても住みよいまちづくりを一緒にめざしませんか。

もう一言。本書を、ぜひ批判的に読んでいただきたいと思っています。そして、忌憚《きたん》のないご意見、ご感想をお聞かせいただければ、と願っています。

著　者

子どもの人権を尊重するって、どうするの？ ◉ もくじ

はじめに　1

第1章　子どもの人権が尊重されるってどういうこと？――1

1　「子どもの人権が尊重される」？　1
2　子どもの人権を尊重するってどういうこと？　5
3　おとなは人権を尊重されないで育ってきたの？　7
4　人権ってどういうこと？　10
5　子どもの「育てられ方」の中身を点検　12

第2章　子ども差別と体罰　24
1　子ども差別って？　24
2　子どもを差別していないか　30
3　子どもを不公平に扱っていないか　35
4　子どもを差別者にしないために　36
5　子どもたちを暴力の加害者にしないために　39

第3章　しつけとルールの考え方は？　49
1　〝困ったちゃん〟どうする？　49
2　子どものしつけのポイントは？　61
3　子どもを叱るということ　66
4　ルールの考え方　71

第4章　私の人権を尊重する？　82
1　「子育て」と「教育」から「個育ち」と「共育」へ　82
2　育つということ　84
3　「共育」って？　96
4　生活自立と生活実現　99
5　自己制御力　103

第5章　子どもたちに伝えたい――ジェンダー平等って何？　112
1　ジェンダー平等って何？　112
2　ジェンダー・ギャップ指数でみる日本の位置　116
3　現行の婚姻制度　119
4　日本における長時間労働と低賃金　122

5 〝三歳児神話〟の呪縛 128
6 「近代家族」は、ジェンダー平等といえるか？ 131
7 ジェンダー平等の夫と妻の関係とは？ 137
8 ジェンダー不平等の弊害 141
9 なぜ、ジェンダー平等をめざすのか？ 146

第6章 子どもたちに伝えたい──多様性って何？── 150

1 多様性を尊重する 150
2 多様な生き方、多様な家族 158
3 「道徳」教科書にみる〝非〟多様性 173
4 多様性を尊重するまちとは 176

第7章　子どもの人権を尊重するまちづくりの課題は何か―――178
1　おとなの役割　178
2　おとなとして子どもたちに伝えたいこと　180
3　子（個）育ちを支える地域システムの提案　183
4　子どもの育ちを支援する包摂社会モデル　193
むすびにかえて　200
引用・参考文献　208

第1章　子どもの人権が尊重されるってどういうこと？

1　「子どもの人権が尊重される」？

二〇二二（令和四）年六月に「こども基本法」が成立し、二〇二三（令和五）年四月から施行されました。

法律の成立までにあまりにも時間がかかりすぎたという感はあります。なぜなら、一九八九年に国連で「子どもの権利条約」が採択され、日本は一九九四年に批准しており、それから、すでに三〇年も経《た》っているからです。そして、長年、担当省庁は外務省であって、日本政府は、「子どもの権利条約」を具体化するための国内法を作ったり、子どもの人権を尊重するための施策を講じたりといったことを、ほとんどしてこなかったからです。

「子どもの権利条約」の主旨に沿って、「こども基本法」では「全てのこどもについて、個人として尊重され、その基本的人権が保障されるとともに、差別的取扱いを受けることがないようにすること」と明記されています[*1]。

日本ではじめて、「すべての子どもの人権は尊重される」とする法律ができたことは、とても喜ぶべきであると思っています。この法律の主旨について、こども家庭庁のホームページにおいては[*2]、「すべてのこどもは大切にされ、基本的な人権が守られ、差別されないこと」と解説されています。ただし、細かいことを言うようですが、私は、「人権は守られる」よりも「人権は尊重される」のほうがふさわしいと考えています。「守られる」では、一方向に、一方が他方を保護し、もう一方は保護されるというニュアンスが強いのですが、「尊重される」であれば、双方向に、互いに相手を対等な個人として大切にするというニュアンスが強いからです。

子どもは、おとなによって「守られる」だけの存在ではなく、対等に大切にし合う関係であることを明確にする必要があるだろうと、私は考えています。

「尊重する」は、英語ではrespectです。話が逸《そ》れるかもしれませんが、私は、「愛する」ことの重要な部分が「respect」であって、「その人のすべてが大切であると受け止める」ことと理解しています。

もう一点、「こども基本法」について危惧している点があります。

たしかに、「こどもは大切にされなければならない」「こどもの基本的な人権は守られなければならない」と言われると、だれも反対する人はいないと思います。しかし、「すべてのこどもは大切にされ、基本的な人権は守られ」るべきであると一般論のようにとらえられているかぎりは、だれも自分ごととして考えなくて済むのです。だれかが子どもの人権を尊重したらいいわけですから。

私が気になっているのは、子どもの人権を尊重しなければならないのはだれか、子どもを大切にしなければならないのはだれか、子どもを差別してはならないのはだれかという、「子どもの人権を尊重する」主語があいまいなままにされていることです。このままでは、「子どもの人権を尊重する」という運動が大きなうねりとなることをさまたげる一因となるのではないかと思います。

ここで、質問です。

では、だれが「すべての子どもの人権を尊重する」のでしょうか。つまり、「すべての子どもの人権を尊重する」主語はだれかということです。

主語は国家であり、国家の主権者である「すべてのおとな」であると私はとらえています（なお、主権者を「選挙権を有する人」ととらえると、現時点では、在日外国人の人びとを排除してしまうため、一八歳以上の成人ととらえることをお断りしておきます）。

国家および主権者であるすべてのおとなが、子どもの人権を尊重するべきなのです。

そこで、本章では、国家の主権者である「すべてのおとな」に焦点をあてて、「おとなが子どもの人権を尊重する」ことについて、私の考えをお伝えしたいと思います。

ここでまた、質問させてください。

あなたは、目の前の子どもたちの人権を尊重していますか。

子どもたちの年齢はさまざまです。この世に生を受けたばかりの新生児から、小学生、中学生、高校生までも含まれます。あるいは、年齢的にはすでに成人に達していても、わが子の人権を尊重していますか。

子どもの人権を尊重するということを自分の問題として考えると、けっこうむずかしいと実感されるのではないでしょうか。

残念ながら、日本の社会のなかでは、これまで「おとなはもっと目の前の子どもの人権を尊重しましょう」とは言われてきませんでした。おとなが子どもの人権を尊重するということは、実は、おとなと子どもは対等な関係であると認識し、対等であることを前提に、相手を大切な存在としてかかわるということです。

でも、日本では、おとなと子どもは対等であるという価値観が定着しているとはいいがたいのです。たとえば、「お年寄りを敬いましょう」と子どもたちは言われても、「子どもを敬いましょう」と、お年寄りのみならず、おとなたちは言われてこなかったですよね。

2　子どもの人権を尊重するってどういうこと?

「おとなは子どもの人権を尊重するべきだ」と主語を明確にすると、おとなのなかに自分自身も入っていることを否応《いやおう》なく自覚せざるをえなくなります。しかし、「子どもの人権を尊重する」とは、具体的にどうしたらよいかわからないから、慌てることになります。違いますか。

いまの子どもについていえば、日本の子どもの八八%は、貧困とはいえない世帯で育っていて、これらの子どもは、最低限の生存権は保障されているといえるでしょう。日本の子どもの九六%以上が高校へ進学することができていて、一定の学習権が保障されているといえます。

しかし、他方、日本の子どもたちは、おとなたちからあまり人権を尊重されていないのではないかと、私はとらえています。その具体的な事例をいっぱい挙げることができるからです。

子どもの人権侵害の例として、子ども虐待を挙げることができます。二〇二二年度中に全国二三二カ所の児童相談所が児童虐待相談として対応した件数は二一万四八四三件で、過去最多となったと報告されています[*3]（こども家庭庁 2024）。子ども虐待の加害者はおとなです。

子ども虐待とまではいかなくとも、親から体罰を受けながら育ってきた子どもが少なくないのが現実です。二〇一七年にセーブ・ザ・チルドレンが実施した調査によると、子育て中の人で、「子どもをたたいたことがある」との回答が七〇・一%となっていました。[*4]体罰は、明らかに子どもの人権を侵害する行為です。

おとなたちは、日常生活のなかで、自分たちの指示に子どもたちを従わせたいときには、しばしば子どもたちに命令をしています。時には、どなることもあります。

おとなと子どもとの関係が「命令する―命令される」関係では、子どもの人権がおとなによって尊重されているとは、とうていいえません。

さらに、おとなたちは、子どもの意見をまったく聴くことなく、子どもにかかわることがらをおとなの考えだけで決めてきました。例として、児童公園の遊具、学校の校則や制服などを挙げることができます。子どもの「意見表明権」がほとんど尊重されてきませんでした。

これらの事例は、一部のおとなだけの言動ではなく、日本の多くのおとなたちにあてはまるのではないでしょうか。

残念ながら、これらの事例は日本中のいたるところで珍しくないことから、日本は、おとなが子どもの人権を尊重しているとはいえない社会であると私はとらえてきました。

3　おとなは人権を尊重されないで育ってきたの?

では、日本では、おとなたちはなぜ子どもの人権を尊重していないのでしょうか。ひとつ、はっきりといえることは、実は私たちおとなが、日本の社会のなかでは、家族のなかでも、学校でも、地域のなかでも、子どものときから人権を尊重されないで育ってきたからなのです。私たちおとなの多くが物心ついてからずっと、家族のなかでも、学校でも、命令されたり、叱られたり、どなられたりしながら育ってきました。時には、体罰をも振るわれながら。

現在、おとなになっている人びとのなかで、おとなになるまでの間に、ずっと人権を尊重されながら成長してくることができたという人は、どれくらいおられるでしょうか。この点について、私は正確なデータを持ち合わせているわけではありません。しかし、たとえば一〇〇人くらいの研修会で、「子どものころに、一度もだれからも体罰を受けた経験がないという人は挙手していただけませんか」とお尋ねしたところ、手が挙がったのは三人だけでした。

体罰については後述しますが、私たちおとなが人権を尊重されないで育ってきているから、「目の前の子どもたちの人権を尊重しましょう」と言われても、「えっ、どうするの?」「そんなこと言われてもわからない」ということになりかねないのだろうと思っています。

正直なところ、私自身も、実は成人するまで、おとなたちから人権を尊重されながら育つという経験をしてはきませんでした。

おとなになって、そして大学教員になって、だいぶ年数が経ってからですが、子どもの人権に関心をもつようになってから、恥ずかしながら、はじめて子どもの権利条約を読んで、自分の子ども時代に人権を尊重されていなかったこと、同時に、目の前のわが子の人権を尊重してきたとはいえないことに気づいたのです。

そして、現代の子どもたちは、そもそも子どもの権利条約の内容を理解しているのだろうかと疑問をいだくようになりました。そこで、私の授業を受けてくれた学生たちに、毎年のように、子どもの権利条約を知っているかどうかという質問をしてきました。結果は、「子どもの権利条約」という名称を知っている学生は二、三割、そして、子どもの権利条約の中身を知っているという学生はほんの一握りにすぎず、この傾向は毎年、ほとんど変わりませんでした。

そこで、学生たちはなぜ子どもの権利条約を知らないのだろうかと疑問をいだくなかで、日本の公教育のなかで、学生たちが子どもの権利条約の中身を学ぶ機会をもっていなかったことに気づくことになりました。

子どもたちが子どもの権利条約について学校で学んでいないとしたら、それこそ、子どもの人権軽視といわざるをえません。子どもの人権を尊重することをうたった条約の中身を、子どもたちが教えられていないということですから。

毎年、授業のなかでは、ユネスコが抄訳した「子どもの権利条約」のコピーを配付して、子どもたちに子どもの権利条約の内容を伝えてほしいと希望を述べてきました。

振り返ってみると、私自身も成人するまで、公教育のなかで「人権尊重」について十分に学ぶ機会をもっていなかったことに気づいたのです。大学で教職課程も履修しましたが、そのなかでも「人権教育」は必修科目に含まれていませんでした。

ちなみに、教員免許を取得するための教職課程のなかに「人権教育」が必修科目として含まれておらず、「人権教育」について学ばなくとも教員になれることも驚きです。

日本では、戦後七〇年以上も公教育のなかで、子どもが子どもの人権尊重について学ぶ機会を保障されてきませんでした。そして、いままで、子どもの人権を尊重するのはだれか、その責任はどこにあるのかという主語があいまいなまま、要は責任の担い手をあいまいにしたままに、なかば放置されてきたということです。

二〇一八年から小学校で正課としてスタートした「道徳」の教科書のなかでも、残念ながら、「子どもたちは、国家によって、そしておとなたちから人権を尊重される」べきであるといったメッセージを伝える内容は見当たらないのです。個人的には、「道徳」ではなく、「人権」が正課にならなかったことが残念でなりません。

4　人権ってどういうこと？

「人権尊重」という言葉は知っていても、人権尊重とは具体的にどういうことなのかということを詳しく学んだり、身をもって体験したりしていないと、その意味がわからないのも無理はありません。

では、なぜ私たちおとなは、子どもの人権を尊重しなければならないのでしょうか。

この点をあいまいにしたままでは、「子どもの人権を尊重する」ということが、建前だけになってしまいそうです。

そこで、そもそも「人権とは何か」という点から取り上げましょう。

ここでは、人権についての私自身の理解を紹介したいと思います。

まず、人権というのは、「仲良くしましょう」、あるいは「思いやりの心をもちましょう」とは違います。仲良くすることや思いやりの心をもつことは大事なことかもしれないけれど、それは「道徳」の教えであって、「人権」とは別です。

第一に、私たちは、この日本に生まれたら、生まれたときから日本国憲法で保障された主権者であって、主権者として国家に対して「私の人権を守れ」と言う権利があるということです。私たちは主権者として、日本国（国会、内閣、司法、各省庁）に対して、私の生き方を、命を、暮らしを、そして人生を尊重せよと言うことができるわけです。

日本国憲法というのは、私たち国民が守らなければならないものではなくて、私たち主権者が国家に対して、国会に対して、それから内閣に対して守らせる法律なのです。国家が私たちの人権を保障すべきであるという点を押さえておきましょう。

第二に、人権の中身は何かというと、私たちが人として生きていくうえで不可欠な要件ということです。具体的に四点、指摘することができます。このアイデアは、森田ゆりさんによって日本に広められたＣＡＰプログラムからヒントをいただいたことをお断りしておきます（クーパー 1995）。

①だれもが「安心」して生きることができる、その権利を保障せよ。

「安心」の具体的な中身は、人が人として生きることができる、いっさい暴力を振るわれない、虐待されるいわれはないということ。

②だれもが「自信」をもって生きることができる、その権利を保障せよ。

私たちは、だれからも差別されるいわれはない。だれもが丸ごとの人間、絶対的価値のある存在として生きることが保障される。

③だれもが自分の人生を「自由」に決めることができる、その権利を保障せよ。

私の人生は私が決める。学ぶこと、働くこと、住むこと、移動すること、つながること、自己表現すること、などなど。

④人としての「安心」「自信」「自由」が、すべての人に「平等」に保障されなければならないこと。

そして、第三に、義務を伴わないということです。〝権利－義務〟関係とは違って、人権に関しては義務を伴いません。わかりやすくいえば、〝働かざるもの食うべからず〟ではありません。人権は、働くか、働かないかとは関係ありません。一人ひとりの能力にも関係ありません。すべての人に等しく、人として生きる権利、人として尊厳をもつ権利、自分の人生の選択権が保障されるということ、これが人権です。

唯一、制限があるとすれば、他人の人権を侵害してはならないという点です。

5　子どもの「育てられ方」の中身を点検

おとなが子どもの人権を尊重するとはどういうことかを具体的に検討する前に、日本では長年、子どもはどのように育てられてきたのかという中身を確認しましょう。それはまさに、私たちおとながどのように育てられてきたのかを点検することを意味します。

a　ジェンダー色の強い子育て

日本では、職場でも、家族のなかでも、そして地域社会でも、まだまだジェンダー不平等と性別役割分業がはびこっています。小さい子どものいる世帯の多くは、子どもの父親が主な稼ぎ手で、母親たちは無職か、あるいは、子どもが幼稚園や保育園に行っている間にパートタイマーとして働いている場合が多いです。でも、母親たちは働いていても、家事や育児の大半を引き受けている場合が少なくありません。そのため、子どもたちは物心ついたころから、食事を作ってくれるのはお母さん、幼稚園や保育園の送り迎えをしてくれるのもお母さん、お弁当を作ってくれるのもお母さん、などというようにインプットされていきます。

さらに、幼稚園によっては、女児はスカートに赤いカバン、男児は半ズボンに紺のカバンなどと、男女ではっきりと色の区別がされていたりします。子どもたちに買い与えられるおもちゃも、女児は人形やままごと遊び、男児は車やロボットなど。

日本政府がジェンダー平等の実現をどれほど提唱しても、子どもたちは幼いころから、たとえ性別役割分業という言葉は知らなくとも、お父さんは朝早くから仕事に出かけて夜遅くに帰ってくる人であり、お母さんは家の家事や自分たちの世話をする人であるという認識を、知らず知らずに身につけるのです。

また、幼稚園の先生や保育所の保育士の大半が女性であることから、子どもたちは、子どもの世話をするのは女性の役割なのだという認識を身につけやすいといえます。「ジェンダー意識の社会化」と呼んでおきましょう。

日本社会における根強い性別役割分業を維持したままで、子どもたちのジェンダー平等意識が育《はぐく》まれるのだろうかと考えると、けっこうむずかしいように思っています。就学前からジェンダー平等教育が必要であると思っていますが、何よりも個々の家族関係、保育所、幼稚園で、ジェンダー平等を実践する体制をつくってほしいと願っています。

b　支配－服従の子育て

朝の忙しい時間に、子どもがゆっくりと朝食をとっていて、一向に急ごうとしない。そんなとき、あなたなら、子どもにどのように声かけをするでしょうか。

「さっさと食べなさい」「食べたくないのなら、片付けなさい」と、命令口調で言うか。あるいは、「どうしたいの？　食べたくないの？」と優しい口調で話しかけるか。

日本の子どもたちはずっと、家では親の言うことを聞くようにとしつけられ、幼稚園・保育所や学校では、幼稚園教師・保育士、教師の指示に従うように指導を受けています。親のしつけや教師の指導は、子どもたちのためというよりは、親や教師が子どもを管理しやすくするためである場合が少なくないように思われます。

子どものころに体育の授業などでは、いつも「前へならえ!」「気をつけ!」「休め!」などという号令に従って動いていたことを思い出しました。授業が始まるときには「起立!」「礼!」「着席!」と、こちらも号令によって動いていました。

家でも、子どもたちは保護者から「早く起きなさい」「早くご飯を食べなさい」「歯を磨きなさい」「遅刻しないように行きなさい」と、やはり命令形で指示されながら行動している場合が少なくないですよね。

日本社会における親や教師によるしつけや指導の現状は、子どもの人権を尊重するという理念とは、かなりかけ離れているように思います。

そして、子どもたちにはとにかく、学校でも、家庭でも、規則を守ることが何より重視されてきませんでしたか。

おとなたちは、子どもは規則を守るべきである、規則を守ることは非常に重要であると考えてきたわけです。でも、個々の規則について、それを守ることにどのような意味があるのかということはあまり考えられることなく、踏襲されてきたのではないでしょうか。

そして、子どもが自分で考えて行動することを、必ずしも重視してこなかったのです。おとなは「自分で考えて行動しなさい」と言うのですが、でも、「自分で考えて行動しなさい」と言うこと自体が、実は命令なわけです。

自主的に行動することを命令されるような日常生活のなかで、どうして子どもたちの自主性が育まれるのだろうかと疑問に思ってきました。要するに、子どもたちは常に命令される立場であって、そのことが、おとなたちはもちろん、子どもたち自身にもさほど疑問をもたれることなく、今日まで続いてきているように思っています。

おとなが子どもに対して常々、命令するかかわり方は、おとなが子どもの人権を尊重することとは真逆ではないかと、私は疑問をいだいてきました。

c　上下関係を重視する社会の〝常識〟

そもそも、年齢が上であれば、なぜ敬《うやま》わなければならないのでしょうか。

なぜ、お年寄りを敬わなければならないのでしょうか。お年寄りを敬うことに反対しているわけではありません。お年寄りを敬うと同時に、若者を敬うことも推奨される必要があるのではないかというのが、私の考えです。

リスペクト（respect）というのは、互いに尊重し合うという意味です。若い世代が高齢者を敬うだけではなく、高齢者が若い世代を敬ってこそのリスペクトです。

しかし、日本社会ではいまなお、体育会系の部活動、あるいは保守的な企業では、後輩は常に先輩を立てなければならないと指導される風潮が残っていると聞きます。

また、「目上の人を立てる」というとき、そもそも目上の人とはどのような人をいうのでしょうか。年上、目上、先輩を敬うことは大事であると同時に、年下、目下、後輩を敬うことも大事ということであれば、年齢、地位、出自などに関係なく、だれもが互いに尊重し合うことになるのではないでしょうか。

d　〝異質〟を排除する学校、そして地域社会

日本の多くの小学校、中学校、高校では、いわゆる健常児と障害児とが同じクラスで学んでいません。外国籍の子どもたちが、安心して日本の普通学級で学ぶことができるように十分な配慮がされているかといえば、疑問です。

障害のある人びと、外国籍の人びと、性的マイノリティの人びとなど、多様な人びとが、地域のなかで安心して、快適に学んだり、働いたり、生活したりできているかといえば、そうでない場合が少なくないように思います。

いわゆる〝健常児〟だけが、日本国籍の子どもだけが〝ふつうに〟学ぶことができる環境のなかで、子どもたちは、知らず知らずに同質であることに価値を見いだし、異質であることを排除する意識を身につけるかもしれません。

私は結婚後、ずっと大阪府豊中《とよなか》市で暮らしてきました。そして、ふたりの息子は地元の小学校、中学校を卒業しました。地元の小学校では、子どものクラスには障害のあるクラスメートが一緒に学んでいました。中学校でも、クラスは別でしたが、障害のある生徒が同学年で一緒に学んでいました。障害のある生徒がクラスメートであったことで、まわりの子どもたちがとても多くを学ばせていただいたと思っています。

もちろん、副担任の先生がおられましたが、クラスの子どもたちは、障害のあるクラスメートについてどんなサポートをするのがよいかを、学校生活を共にするなかで徐々に学んでいったように思います。余計なお節介やお世話はしないのです。でも、だれかが見守っているという様子でした。障害のあるクラスメートが授業中に教室を抜け出すと、だれかがスッと立って、あとをついていって、しばらくして手をつないで戻ってきました。生活発表会のときは、舞台の上で障害のあるクラスメートとだれかが手をつないでいました。

このような統合教育を当たり前と思っていましたが、全国的に珍しいということに驚きました。

「多様性を尊重する」ことの重要性をどれほど言葉で主張しても、おとなも子どもも、意識的にせよ、無意識にせよ、異質を排除して、同質である関係性のなかだけで日々、生活しておれば、異質と思える人びとを警戒したり、事前に排除したりしようという意識が働いてしまうのではないかと思うのです。なぜなら、異質と思える人びととどのようにかかわればよいか、わからないからです。

e　〝優劣〟〝出来・不出来〟、序列に左右される子育てと学校教育

ずっと疑問に思ってきたことがあります。日本のマスメディアでは、大リーグの大谷翔平《おおたにしょうへい》選手の動向がシーズン中は連日のように報じられてきました。しかし、どこの国でも、連日のように、ほとんどすべての報道機関において特定のアスリートの動向を報じるなどということはあるのでしょうか。

他方で、目の前の子どもたちは、おとなたちからその存在を、そして日々の活動をしっかりと見てもらえているのだろうかと疑問に思っています。

保護者は、目の前の子どもに日々、どのような言葉がけをされているでしょうか。

幼稚園、保育所、小学校、中学校、高校などの教師は、目の前の子どもたちに日々、どのような言葉がけをされているでしょうか。

多人数のクラスのなかでは、多くの子どもたちが〝ふつう〟で、目立たず、関心を向けられることも少なく、自分に自信をもつこともできずに過ごしているのではないでしょうか。

ここで、内閣府が五年ごとに実施してきた「我が国と諸外国のこどもと若者の意識に関する

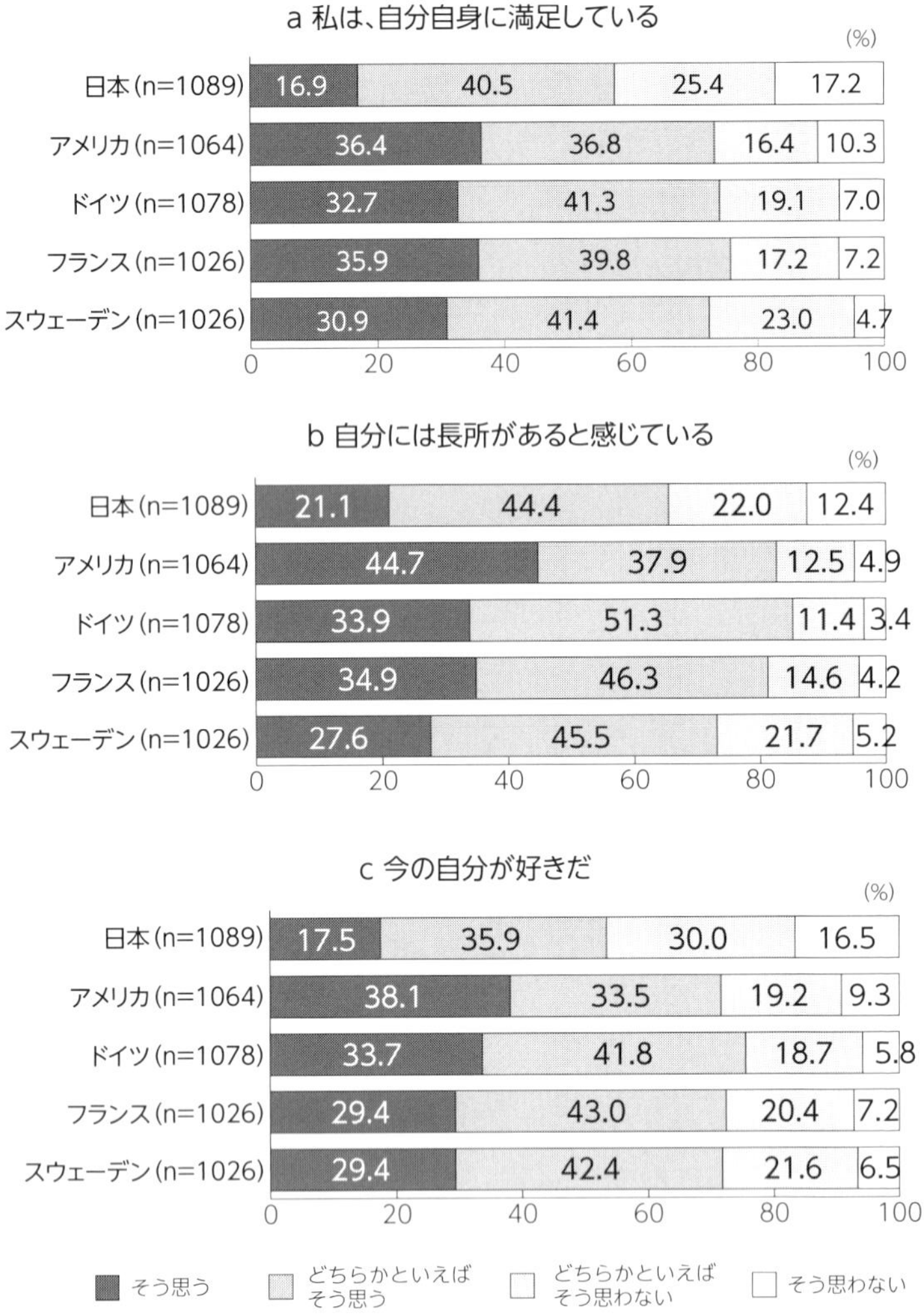

こども家庭庁「我が国と諸外国のこどもと若者の意識に関する調査(令和5年度)」より

図表1-1 わが国と諸外国の子どもと若者の意識(2023年)

調査（令和五年度）」の一部を紹介しましょう[*5]（こども家庭庁 2023）。図表1－1です。「私は、自分自身に満足している」「自分には長所があると感じている」「今の自分が好きだ」という設問のいずれについても日本の子どもと若者は、アメリカ、ドイツ、フランス、スウェーデンの子どもと若者よりも評価が低い傾向にあります。

自己評価というのは、他者と無関係に、単なる心のもちようといった性質のものでなく、他者からの評価によって形成されることが少なくありません。

子どもたちが、学校のなかで一日中、どの教師からも一言も声をかけられることがないような生活を送っているとしたら、子どもの人権を尊重している学校とはいいがたいでしょう。もちろん、それは、個々の教師のがんばりによって解決できるような問題ではないと思っています。今日もなお多人数学級の現状を放置している文科省が、子ども一人ひとりの学校生活における人権を尊重しているとはいえないことの表れであるともいえます。

小学校の学級編制は、二〇二一（令和三）年度から五年かけて四〇人から三五人に引き下げるとのことです。中学校は四〇人以下だそうです。先進諸外国と比較すると、三五人でもまだ多いといわざるをえません。

教員の待遇改善として、給与のアップももちろん重要ですが、ひとりの教員が担当する子どもの人数を大幅に減らし、日々、個々の教員が一人ひとりの子どもたちときちんと向き合えるように保障することが、子どもの人権を尊重した学校であるといえるのではないかと考えています。

ちなみに、保育所についても、国の配置基準にいまもってびっくりしています。

実は、一九四九（昭和二四）年からずっと七〇年以上にわたって、保育所における配置基準は変えられてこなかったのです。ようやく二〇二四（令和六）年度以降、改善されることになりました。

配置基準は、保育士ひとりに対して、〇歳児は子ども三人、一～二歳児は子ども六人（二〇二五年度以降、五人へと改善予定）、三歳児は子ども二〇人（二〇二四年度から一五人に改善予定）、四歳児以上は子ども三〇人（二〇二四年度から二五人に改善予定）とのことです。

正直なところ、怒り心頭です。

このような基準を決めた政府関係者にお尋ねしたいです。一度、ひとりで〇歳児三人の保育を経験されたらどうですか？　ひとりで三歳児二〇人の保育を経験されたらどうですか？　と。

保育士の待遇改善として、給与を上げることはもちろん重要です。でも、同時に重要なことは、保育士がひとりで担当する子どもの定数を大幅に下げて、保育士が余裕をもって子どもと向き合える保育条件を整えることであると考えます。

それこそが子どもの人権を尊重する保育ではないのかと問いたいです。

ａからｅで述べたような状況が放置されているとしたら、日本社会は、子どもたちの人権を尊重しているとはとうてい呼べないのではないでしょうか。

＊1　「こども」か「子ども」かという使い分けは、原文どおりとしている。本文では、「子どもの権利条約」に依拠して、基本的に「子ども」としている。
＊2　こども家庭庁「こども基本法」https://www.cfa.go.jp/policies/kodomo-kihon（二〇二四年一一月二〇日アクセス）
＊3　こども家庭庁「令和四年度 児童相談所における児童虐待相談対応件数」https://www.cfa.go.jp/assets/contents/node/basic_page/field_ref_resources/a176de99-390e-4065-a7fb-fe569ab2450c/b45f9c53/20240926_policies_jidougyakutai_26.pdf（二〇二四年一一月二〇日アクセス）
＊4　セーブ・ザ・チルドレン 2017『子どもに対するしつけのための体罰等の意識・実態調査』
＊5　こども家庭庁 2023『我が国と諸外国のこどもと若者の意識に関する調査』https://www.cfa.go.jp/assets/contents/node/basic_page/field_ref_resources/d0d674d3-bf0a-4552-847c-e9af2c596d4e/3b48b9f7/20240620_policies_kodomo-research_02.pdf（二〇二四年九月四日アクセス）

第2章　子ども差別と体罰

1　子ども差別って?

前章で取り上げたような子どもの育てられ方は、国家も、そして国の主権者であるおとなも子どもを差別している、すなわち、「子ども差別」の表れであると私はとらえています。

そして、おとなが子どもに命令したり、統制したり、支配したりする（control）ことが当たり前となっている社会は、「子ども差別社会」であるということができます。

従来、多くのおとなは、「自分たちおとなと子どもとは対等な関係である」というようには考えてもきませんでした。違いますか。

多くのおとなは、いまも子どもを見下しているのではないでしょうか。子どもは、おとなの自分よりも知識や経験が十分ではないし、物事の判断もできない未熟な存在だと思っているのではないでしょうか。だから、おとなたちは、子どもを保護してあげないといけない、守ってあげないといけないと思っているのですね。

おとなたちは、子どもを保護の対象として認識していると思います。それは間違いではありません。でも、保護する相手だからといって、命令してよい、さらにいえば、思いどおりにしてよいということにはならないはずです。ここが重要です。

おとなは子どもを保護する立場であることには違いないけれど、一個の人格をもった人間としては対等な関係であると確認し、向き合うことが、子どもの人権を尊重する第一歩ではないかと私は考えています。

まず、私たちおとなは、自分の目の前の子どもを差別していないかどうかを振り返ることから始める必要があると思うのです。

そこで、次のような問いに答えてみてください。それぞれ、賛成ですか、反対ですか。

1 子どもが言うことを聞かない場合は、時には体罰も必要だ。
2 親はだれよりもわが子のことをよくわかっているから、親が子どもの進路を決めることに問題はない。
3 教師は児童・生徒よりも知識も経験も豊富だから、児童・生徒は教師を尊敬すべきだ。
4 児童・生徒は、どのような校則も守らなければならない。
5 教師が子どもを呼び捨てにするのは別に問題とはいえない。

6　教師は、児童・生徒に体罰を用いてはいけないが、大声で叱るくらいは問題ないと思う。
全問、「反対」と答えることができたでしょうか。

〈差別とは〉

では、そもそも差別とはどういうことでしょうか。

個人的なことですが、約五〇年前、実は大学の卒業論文の題目が「差別に関する社会学的一考察」でした。「差別とは何か？」「人はなぜ差別するのか」という問いを理論的に考察しようとしたのです。その後の五〇年間、「差別とは何か？」と折にふれて考えたり、新たに差別とは何かを学んだりするなかで、差別の定義を少しずつ修正してきました。

現時点で、「差別とは、ある社会のなかで優位な立場にいる人びとが、その人びとに都合のよいなんらかの社会的カテゴリーを用いて、自分たちに属さない人びとに対して、忌避したり、排除したり、蔑視したり、侮蔑したりなどの不当な扱いをすること」と定義しています（神原2020）。

この定義では、差別を社会的行為としてとらえています。人は何のために差別的行為をするのかというと、不当な扱いをすることによって利益を得るためである、と。

では、人を差別すればどのような利益があるのかというと、たとえば富を得るために、あるいは賃金を低く抑えて搾取するためにといった経済的な理由があります。しかし、それだけではなくて、支配欲を満たすためであったり、社会不安になったときに、自分の不安を解消するためにだれかをスケープゴート（いけにえ）にしたりします。

たとえば、被差別部落の人に対する結婚拒否を例に考えてみると、ひとつのとらえ方として、日本社会のなかで被差別部落出身でない人びとは、被差別部落の人たちよりも自分たちは人間として価値があるとか優れていると、何の根拠もなく、勝手に思っていたりすると考えられます。ところが、思いもよらず、交際相手の女性が被差別部落出身だとわかったとします。もし被差別部落出身の女性と結婚したら、自分の価値が下がるかもしれない。そのようなことは避けたいし、親族の反対を押し切って結婚したら、親族との関係が損なわれるかもしれない。だったら、うまく口実を見つけて結婚話はなかったことにしようと考え、自らの利益をはかろうとします。

その際、「あなたが被差別部落出身だとわかったから、結婚はしないことにしました」などとは言わないのです。

一言、付け加えると、日本社会のなかでだれが被差別部落出身で、だれが被差別部落出身でないかなど、他人にはわかりません。私自身は、被差別部落出身者とは「自分は被差別部落出身であると思っている人」としかとらえられないと理解しています。

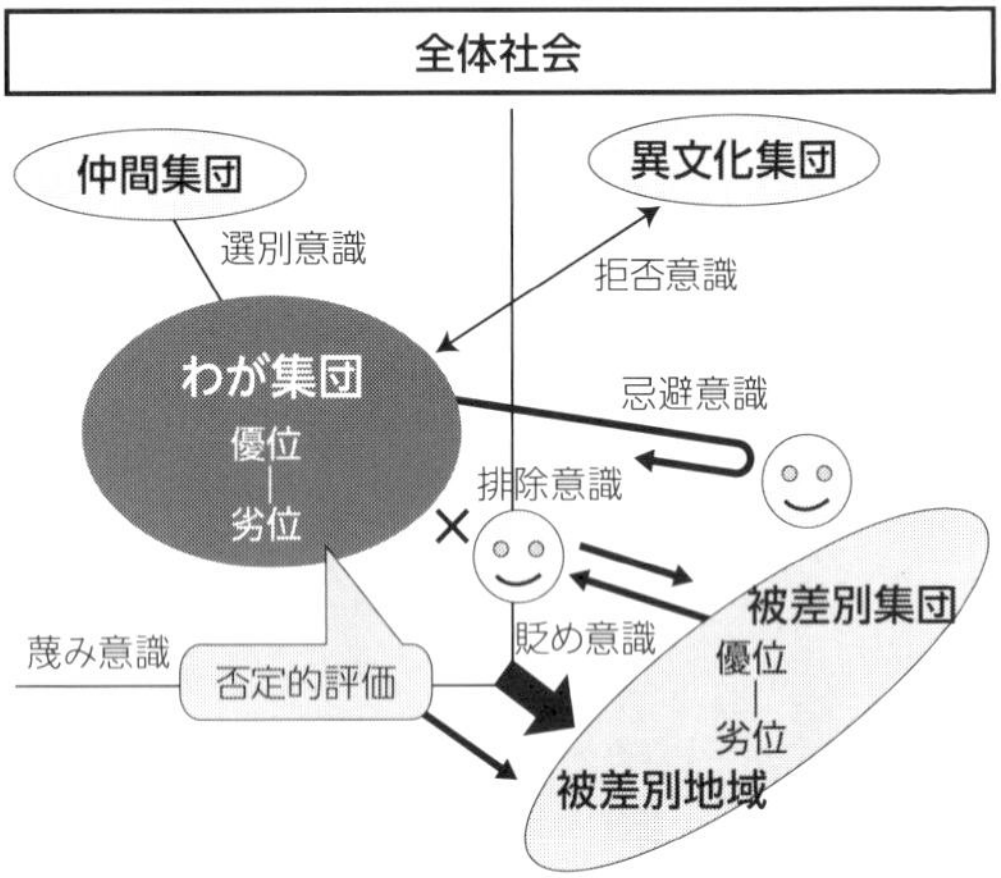

図表2-1　差別意識（態度）の諸相

　自分は被差別部落出身ではないと自認している人びとについて、一〇〇%、被差別部落出身者とつながりがないのかどうかなど、わからないわけです。ですから、私自身も、自分が被差別部落出身であるかどうかと問われたら、「わかりません」としか答えることはできません。自分のルーツはわかりません。しかも、ルーツがどうであれ、「それがどうしたん？どっちでも、ええやん。生身の私を見て！」という思いが強くあります。

　図表2−1は、差別意識（態度）の諸相を図示したものです。

　図表2−1において、「わが集団」の側で、自分は被差別集団の出身でないと思っている人びとは、被差別集団や被差別地域に属する人びとに、たとえば「近寄らないでおこう」という忌避意識をいだいたり、あるいは、向こうからこちらの集団内に入ってくることに対しては断固として拒否するという排除意識をいだいたりすることになります。こういった忌避意識や排

除意識から差別行為が生じるのです。また、あることないこと、勝手にマイナスのレッテルを貼って、貶《おとし》めたり（貶め意識）、あるいは蔑《さげす》んだり（蔑み意識）する意識も差別行為につながります。

もうひとつ付け加えないといけないことは、わが集団と他の集団との関係だけではなく、わが集団のなかで優位－劣位の関係があることです。典型的に、女性差別があったり、おとなが子どもを差別したり、などがあるわけです。同様に、被差別集団のなかにも優位－劣位の関係があって、例として女性差別や子ども差別があったりするということです。

こういう差別行為がなぜ存在するのかというと、図表2－1に「全体社会」と書いているように、日本の国が差別を放置している、見て見ぬ振りをしている、あるいは容認しているからであると私はとらえています。

ちなみに、二〇二四年のアメリカの大統領選では、女性差別発言、マイノリティ差別発言、移民差別発言などを公然とおこなっていた人物が当選しました。彼を支持している大勢の人びとが、彼の差別発言を容認しているかぎり、アメリカ社会で、女性差別、マイノリティ差別、移民差別をなくすことは、よりいっそうむずかしくなるのではないかと大いに危惧しています。

2　子どもを差別していないか

子ども差別について具体的な一例を挙げると、おとな同士であれば通常はおこなわないような表現を、子どもに対してであれば使っているのではないかということです。

おとな同士であれば、通常は相手に命令しないですよね。職場の部下に対してでも、「さっさと、これしろ」とか「グズグズするな」とか「早く片付けなさい」とか「早くご飯食べなさい」とか、言わないですよね。今日でもこのような命令口調がまかり通っていたら、パワハラにもなりかねません。

ところが、私たちおとなは、子どもに対してであれば、日ごろ、命令口調で言っていないでしょうか。子どもに対しては命令してもよいと考えていないでしょうか。

それは、おとなである自分は子どもよりも上なのだ、自分の立場のほうが上なのだ、と思っているからですね。でも、なぜ子どもは命令されないといけないのでしょうか。

「相手が子どもだからといって、命令しないでほしい」と、おとなたちに子どもに代わって訴えたいです。

子どもにしてほしいことがあれば、たとえば、「私はあなたに、もうちょっと早くご飯を食べてほしいと思うんだけど、どうかな?」というように、子どもに提案するというのはどうでしょうか。「私は、きょうは何時には家を出ないといけないから協力してほしいんだけど、どうかな?」と、子どもに協力を求めるのです。

きちんと子どもに協力を求めて、子どもの選択権を保障するかかわり方をすることが、子どもの人権を尊重した態度であると思っています。

おとなが子どもの人権を尊重するというのは、実はむずかしいことではありません。子どもに対しても〝常識的に〟ふつうの言葉で話をするということです。子どもだからといって、〝おまえ〟呼ばわりしないでほしい。〝おまえ〟呼ばわりをしてよい理由はないはずですから。

では、子どもをどのように呼べばよいのか、わからなければ、ぜひ子どもに聞いてほしいのです。

「どのように呼んだらいい?」、あるいは「○○ちゃんって呼んでいいかな?」と。と同時に、自分のことをどのように呼んでほしいか伝えるとよいのではないでしょうか。

余談になりますが、フィリピン人の英語講師にオンラインで英会話を習っているのですが、はじめての講師のときは、互いにどのように呼んでほしいかを伝えます。たとえば、私の場合は“Please call me Fumiko.”と。そして、相手に対して、たとえば“May I call you Merry?(仮名)”と尋ねます。その結果、親しくなった講師とは、互いの年齢や性別に関係なく、名前で呼び合っています。“Hello, Fumiko!”, “Hello, Merry! How are you doing?”といった感じです。慣れると、まったく違和感はありません。

子どもに対する言葉遣いにしても、ふつうに、おとなの他者に話をするように、相手の人権を尊重した話し方をすると、子どもも真似《まね》て、相手の人権を尊重した話し方や言葉の使い方を身につけていくのではないかと思っています。

もう一点、付け加えましょう。たとえば、親御さんがしばしば「子どもが言うことを聞かなかったから子どもをたたいた」とおっしゃいます。でも、言うことを聞かせるというのは、まさに子どもを支配しようとしている表れです。その前提として、親なのだから、わが子を自分の言うとおりにさせることができると思っているということです。

子どもの保護者であれば、わが子を自分の思いどおりにしてよいのでしょうか。子どもは親の所有物でしょうか。

しかも、どのようなことがらで子どもが親の言うことを聞かなかったのかと問うてみると、必ずしも子どもが何か悪いことをしたということではなくて、親御さんの都合であることがけっこう少なくないように思います。

親御さんが五歳の子どもに「さっさとおもちゃを片付けて、ご飯を食べなさい」と指示した。

ところが、子どもは遊びに夢中になっていて、なかなか遊ぶことをやめようとしない。ましてや、おもちゃを片付けようとしない。親御さんは、何度言っても子どもが親の指示に従わないので、だんだんとイライラしてきて、大きな声でどなった。そして、子どものお尻をバシッとたたいた。子どもは大泣きした。

たたくことまではしなくても、親としてよく似た場面を経験していないでしょうか。（まったく経験していない。なぜなら、仕事から帰ったら、たいてい子どもは寝ているから、というような場合は、それはそれで別の問題があると思いますが）

このような場合、親と子どもの間でそれまでにどのような約束ごとやルールをつくっていたのかということを、私としては確認したいと思っています。

親御さんが、子どもが納得しているかどうかはぜんぜんお構いなしに、自分の子どもなのだから、自分がどうにでもできると思っていないでしょうか。もし、自分の子どもだから、自分がどうにでもできると思っているとしたら、そのことが子どもの人権を尊重していないことの表れだといえます。

おとな、とりわけ親や教師は、子どもをよくしてやろうと思っているのかもしれませんが、もしもそのような発想をしていたら、一度立ち止まって、それでいいのだろうか、子どもを良くしてやろうという考えは、子どもの人権を尊重していることになるのだろうかと、考え直してみることが必要ではないかと思っています。

少なくとも、子どものことを子どもの意見を聴くことなしに決めないでほしいのです。

いずれにせよ、子どもの意思を無視して、「子どものために」という大義名分のもと、子どもをコントロールできると考えて実行することが、子ども差別であると、いま一度、確認しておきましょう。

おとなが子どもの人権を尊重する具体的な方法をいくつか挙げてみましょう。

・子どもに対して命令形を使わない。
・しつけも含めて、相手にわかってほしいと思ったら、わかってくれるまで繰り返し繰り返し、辛抱強く働きかけるしかないと肝に銘じること。
・子どもだからといって、親や教師の思うように変えられるなどと考えない。

親にせよ、教師にせよ、だれであっても、自分が変えることができるのは自分だけです。そして、相手に変わってほしいと思うなら、相手とかかわる自分自身の、相手とのかかわり方を変える。それによって相手が影響を受けて、自らを変えるかもしれないということです。変えない場合もあるかもしれませんが、そのときは、自分に似て頑固な子どもだと観念するしかありません。

ちょっと話がずれるかもしれませんが、小学校や中学校のころ、私はえこひいきをする教師は好きになれませんでした。そして、えこひいきをされているクラスメートも好きになれませんでした。

「えこひいき」というのは私ひとりだけの単なる思い込みではなくて、同様の印象をいだいているクラスメートも少なくありませんでした。

教師がクラスのなかで特定の児童・生徒に目をかけているように映ると、他の児童・生徒の間に不信感が生まれて、クラスがまとまりにくくなったりします。

3　子どもを不公平に扱っていないか

親族のなかで、子どもに対して不公平な扱いをする女性がいました。三人の男児のうち、上のふたりは先妻の子どもで、いちばん下の子どもだけが実子でした。上のふたりの継子といちばん下の実子で、愛情のかけ方や世話の仕方にそれとわかるような差をつけていました。

その女性も、そして、ひとりだけ特別待遇を受けながら、それを当然のことのように思っていた彼女の実子も、私はどうしても好きになれませんでした。

いちばん上の継子は、彼女に反抗して、そのたびに殴られたりしていたようで、成長するにつれて自宅に寄りつかなくなりました。三人のきょうだいも仲が良さそうには見えませんでした。

彼女は私にとっては反面教師となりました。ふたりの息子を、どんなことがあっても分け隔てしないこと、比較しないこと、それだけは肝に銘じておこうと思ったのでした。

4　子どもを差別者にしないために

おとなが子どもを差別するという「子ども差別」とあわせて、もう一点、重要な点は、私たちおとなが子どもたちに人を差別することを教えていないだろうかという点です。

私たちおとなは、目の前の子どもたちが人を差別するような人間に育つことに手を貸してはいけないのです。

私たち人間は、だれひとりとして、差別意識をもってこの世に生まれてくるわけではありません。私たちは白紙の状態で生まれてきます。

でも、物心がつくなかで、良いことも良くないことも、まわりのおとなたちから学習しながら育ちます。人が、教えられたり自ら学んだりしたことを取捨選択しながら、価値や規範を身につけて社会の一員になる過程を、社会学や教育学では「社会化」と呼んでいます。

子どもは、だれかから差別することを教えられて、自分のなかで差別についての態度を形成します。私は、差別についての態度形成を「差別の社会化」と呼んでいます（神原 2023）。学習の中身として、まわりのおとなたちから「あんな子と遊んだらいかんよ」とか「あそこへは行ったらいかんよ」とか、あるいは、もう少し大きくなると、たとえば「結婚するときは気ぃつけや」といったことを教えられて、「そのとおりだ」と賛同したり、「そういう考えもあるのか」とスッと受け入れたりしながら、無自覚のうちに、実は「差別意識」を身につけていきます。

私たちおとなが、子どもたちが差別者に育つように導いているのです。

もちろん、多くのおとなは、子どもたちを差別者にしたいと思いながら子どもにかかわっているわけではないだろうと思います。でも、わが子かわいさに、たとえば、わが子が〝悪い〟友だちに染まらないように、〝悪い〟仲間に入らないように、といった思いから、わが子に対して「あんな子らと遊んだらあかんよ」「あの子の家へ行ったらあかんよ」などと教えることで、わが子を守ろうとしてきたのでしょう。

親として子どもを守りたいという思いから、子どもが人を差別する人間になるように導いているかもしれない、ということを強調しておきたいと思います。

長年、どうしたら部落差別をなくすことができるかという問題意識から、複数の自治体が実施した人権意識調査のデータ分析に協力させていただいてきました。そのなかで、身近なおとなから被差別部落や部落出身の人びとを忌避したり、排除したりするように教えられて、そのような教えに賛同したり従ってきたりしたことが、おとなになってからも差別意識として定着していることを実証してきました（神原 2023）。

部落差別のみならず、外国人差別、障害者差別、女性差別などなど、世の中から差別をなくすためには、私たちおとなが子どもたちを差別者にしない、子どもたちに差別を刷り込まないことが、非常に重要であると考えています。時間がかかるだろうとは思いますが、いま目の前にいる子どもたちがおとなになったときに、人を差別することがないような、また、その次の世代の子どもたちに差別するように教えることがないような、そんな社会が実現することを願っています。

さらに、もしだれかから差別を助長するようなことを言われたときに、そのような教えに賛同したり、容認したりするのではなく、「そんなことを言うのはおかしい」「間違っている」と反発する力を子どもたちに身につけてほしいと願っています。反発できるのは、人権意識がしっかりと根付いていることの証《あか》しであるといえます。

でも、このような反発する力を、どうしたら子どもが身につけることができるのかという点は、意外とむずかしいです。なぜなら、この点について、これまで十分に検証されておらず、私自身も一般化できるような分析結果を得ることができていないからです。ただ、ひとつの調査からは、個人を尊重する意識をもっているほど反発することができるという結果を得ています。可能性としては、子どもが人権を尊重されながら育つなかで、差別するように教えられることに対して反発する判断力とエネルギーを身につけることができるのではないかと考えています。

5　子どもたちを暴力の加害者にしないために

おとなによる子ども差別とは、おとなが子どもを支配しようとすることであり、子どもが思いどおりにならなければ、時には暴力を用いてでも子どもを従わせようとする行為であり、そのような行為を社会全体が許容していることであるといえます。

みなさんは、子どものころに保護者や教師からずっと命令されてきたという経験をしていませんか。時には、バシッとたたかれたという経験をしていませんか。

個人的な経験では、小学三年生くらいのときに、二歳下の弟と、何が原因だったのかは忘れましたが、つかみ合いのけんかをしていて、そこへ帰宅した父親に二人とも頰を平手でたたかれたことを、いまでも覚えています。父親は、疲れて帰ってきたにもかかわらず、ゆっくりできるどころか、子ども同士がけんかしていて、イライラが募ったのか、あるいは、けんか両成敗のつもりだったのかもしれません。でも、いま振り返ってみると、なぜたたかれないといけなかったのかと思います。

とはいえ、恥ずかしながら、私も子どもを殴ったことがあります。

長男が小学二年生か三年生のころ、週一回、ピアノを習いに行っていたのですが、好きでなかったこともあり、ピアノを習いに行くふりをして、公園で遊んで帰ってくることを繰り返していたことがわかりました。たまたま私が自宅で仕事をしているときに、ピアノの先生から「きょうも練習に来ていません」と連絡をいただきました。しばらくして長男が戻ってきたので、「きょうは、どこへ行っていたの?」と問いただしても、答えようとしません。息子がうそをついているということ、ごまかしをしているということが情けなくて、そして、徐々に腹立たしくなって、玄関先で息子の頬をバシッとたたきました。

落ち着いて考えてみると、子どもが親にうそをつかざるをえないように、ごまかしをしないではおれないように、私が子どもを追い込んでいたのではないかと認めざるをえませんでした。

その当時は私自身が親としてまだまだ未熟で、子どもが私の期待するように育ってほしいとの願いから、子どもをコントロールしていることに疑問をいだいていなかったのだと、いまならわかります。

学校に話を移すと、遅刻した、宿題をしてこなかった、忘れ物をした、友だちとけんかをした、掃除をさぼった、などなど。もちろん、これらの行為は褒められたことではありませんが、このようなときに、廊下に立たされた、教科書の角でコツンと殴られた、頬をひねられた、などといった体罰を経験したことはありませんか。

自分自身は経験していないけれど、クラスメートが体罰を振るわれる光景を目にするのがつらかったという人もおられるのではないでしょうか。

三〇年くらい前のことですが、大阪府内の被差別部落に住んでいる女性たちにインタビューをさせていただく機会があって、ひとりの四〇代の女性が子どものころの話をしてくれました。小学校で毎週、ハンカチ、ちり紙、爪の検査があって、彼女は学校にハンカチ、ちり紙を持っていったことがなくて、それで、学期の終わりにはいつも忘れ物の横綱ということで黒板の前に立たされたそうです。家が貧しくて、ハンカチやちり紙を買ってもらえなかった、でも、爪は歯でかんで短くしたから大丈夫だったと語ってくれました。彼女とは気が合って、そのときからずっと年賀状のやりとりが続いていて、久しぶりに会って元気そうな様子を見ると、とてもうれしいです。

いまはさすがになくなっていると思いますが、私が子どものころはまだ、教室の前や後ろに「立たせる」という見せしめのような体罰がまかり通っていました。

二男が高校の陸上部に所属していて、複数の高校の陸上部が練習試合でリレーをしたときに、負けた陸上部の監督がキャプテンの男子に対して、選手も監督も、そして保護者も、みんなが見ているところで頬を平手打ちしました。保護者としてその場にいた私は、「たたく必要はないのではないですか」と叫びたかったのですが、喉から声を出すことができませんでした。二〇〇〇年ごろの話です。当時は、わが国ではいまだ体罰を肯定する意識が根強く、体罰が子どもの人権侵害とはほとんど認識されていなかったのですが、このとき、「おかしい」と声を上げることができなかったという後悔が、私を体罰問題に向かわせるひとつのきっかけになりました。

子どもさんがおられる方へ。あるいは、日ごろ、子どもとかかわっている方へ。

目の前の子どもたちに、いつも命令形を使っていませんか。

目の前の子どもが、自分の言ったことをすぐに聞こうとしなかったら、「なんで言うこと聞かへんの！」と大きな声でどなったり、時にはパシッとたたいたりしたことはありませんか。

みなさん方のなかで、親や教師が自分にしたことと同じことを目の前の子どもにしていると気づいている人もおられるのではないでしょうか。

でも、なぜ、子どもだからといって、いつも命令されないといけないのか、子どもだからといって、なぜ、いつも親の言うとおりにしないといけないのか、そして、言われたとおりにしなければ、なぜパシッとたたかれないといけないのでしょうか。

保護者にせよ、教師にせよ、言うことを聞かない子どもに対して、大きな声でどなったり、時にはたたいたりすることについて、何か合理的な理由があるのかといえば、そのような正当な理由はありません。ただ単に、おとなが目の前の子どもについては自分の思いどおりにできると思い込んでしまっているにすぎません。

学校では、教師はとにかく子どもをきちんと指導しないといけないと思っていて、指導する方法として命令することが当たり前であると思っているわけです。

子どもに命令すれば、子どもは言うことを聞くものだと思っているのかもしれません。

〈ここで、体罰の話をしましょう〉

「体罰とは、親、教師、監督などが、懲戒権を有する子どもに対して、しつけや指導の名目で、相手をコントロールするために行使する有形の暴力である」と私は定義しています（Kambara 2020、神原 2024）。また、暴力については、「暴力とは、相手に対して有害となり、その相手を含む他者から非難をされるような刺激を与えること」と定義してきました（神原 2005）。

要するに、「体罰とは、しつけや指導の名目で行使される、相手に対して有害となる刺激である」ということです。

世界中で体罰の影響に関する研究が蓄積されていますが、体罰になんらかの良い効果があるという分析結果について、私自身は知りません。

逆に、体罰の悪影響については、おびただしいほどの研究結果が得られています。たとえば、小児科医の友田明美《ともだあけみ》さんは、アメリカのハーバード大学での共同研究で、尻たたきや頬たたきといった体罰を繰り返し受けることによって、脳に重大なダメージを被ることを明らかにしています。たたかれるというストレスによって脳の前頭前野が萎縮し、その結果、メンタル面での鬱《うつ》、ＰＴＳＤ（心的外傷後ストレス障害）、薬物依存、統合失調症、乖離《かいり》現象、認知障害、あるいは内臓疾患などのリスクを高めるというのです（友田 2012、友田 2017、友田 2024）。

また、エリザベス・ガーショフさんというテキサス大学の家族心理学研究者は、体罰に関する膨大な実証研究を精査することにより、体罰の悪影響を一三項目に整理しています。ここでは一三項目すべてを列挙することはしませんが、たとえば、自分で善悪の判断ができなくなったり、攻撃的になったり、逆に抑うつ的になったり、自己評価が低くなったり、そして、他者に暴力を振るいやすくなったりすることなどを挙げることができます（Kambara 2020、神原 2024）。

体罰を振るわれながら育つと、暴力を使うことによって問題解決するおとなになる傾向があります。友達に暴力を振るう。デートＤＶをおこなう。妻に暴力を振るう。わが子に暴力を振るう。それだけではなく、自分に対しても暴力的になって、たとえば自分で自分を傷つけるとか、ですね。

実際には、暴力で解決できることは何もありません。

それにしても、体罰を受けながら育った子どもが、成長するにつれて体罰を肯定するようになるのはなぜでしょうか（Kambara 2020、神原 2024）。

おとなが子どもを支配することが当たり前と考えられている社会では、子どもの人権が軽視され、おとなが子どもに体罰を振るうことも当然とされて、子どもをしつけるために体罰はふつうに用いられます。ほとんどのおとなは体罰を受けながら育っていて、しかも、体罰を振るった親や教師を恨んだり憎んだりというよりも、「親は愛情を注いで育ててくれた」と思っています。

親も教師も目の前の子どもを愛していて、同時に、親の責任として、あるいは教師の責任として、子どもをしっかりとしつける必要があると思っています。そして、日常生活のなかで子どもがルールを守らなかった、何を言っても言うことを聞かない、なまけているのできちんとさせたい、などといった事態がおこったときに、言葉で言っても子どもが聞かないと、体罰を振るってでも子どもをしつけようとします。そして、子どものためを思って体罰を振るうのだという、「愛のむち」という魔法の言葉で自らの行為を正当化するのです。

子どもは、親や教師から体罰を振るわれると、やはり痛いし、つらいわけです。そして、そのときは親や教師に謝って、許しを請います。子どもが親や教師に謝って許しを請うのは、心底から良くない行いを悔い改めたからなのか、あるいは、さらにひどい体罰を振るわれることを回避したいためなのかはわかりません。

でも、親や教師にすれば、子どもが謝ったのだから体罰は効果があったと思っても不思議ではありません。なんといっても、体罰は子どもを親の言うとおりにさせるには効果があるからです。

子どもは、成長するなかで、体罰を振るった親や教師との関係を振り返るとき、親や教師は自分のことを愛してくれていて、自分のためを思って体罰を振るったのだ、そして、体罰を振るわれたのは自分が悪かったからだ、さらに、親や教師が体罰を振るって自分をしつけてくれたからいまの自分があるのだと解釈して、親や教師の体罰を、やはり「愛のむち」であると自分を納得させることになります。

おとなや教師になってから体罰に頼らないしつけの方法を学ぶ機会がなければ、目の前の子どもに体罰を振るう親や教師になるリスクが高くなります。

図表2－2は、このようなプロセスを描いたものです。①から⑧へとたどってみてください。

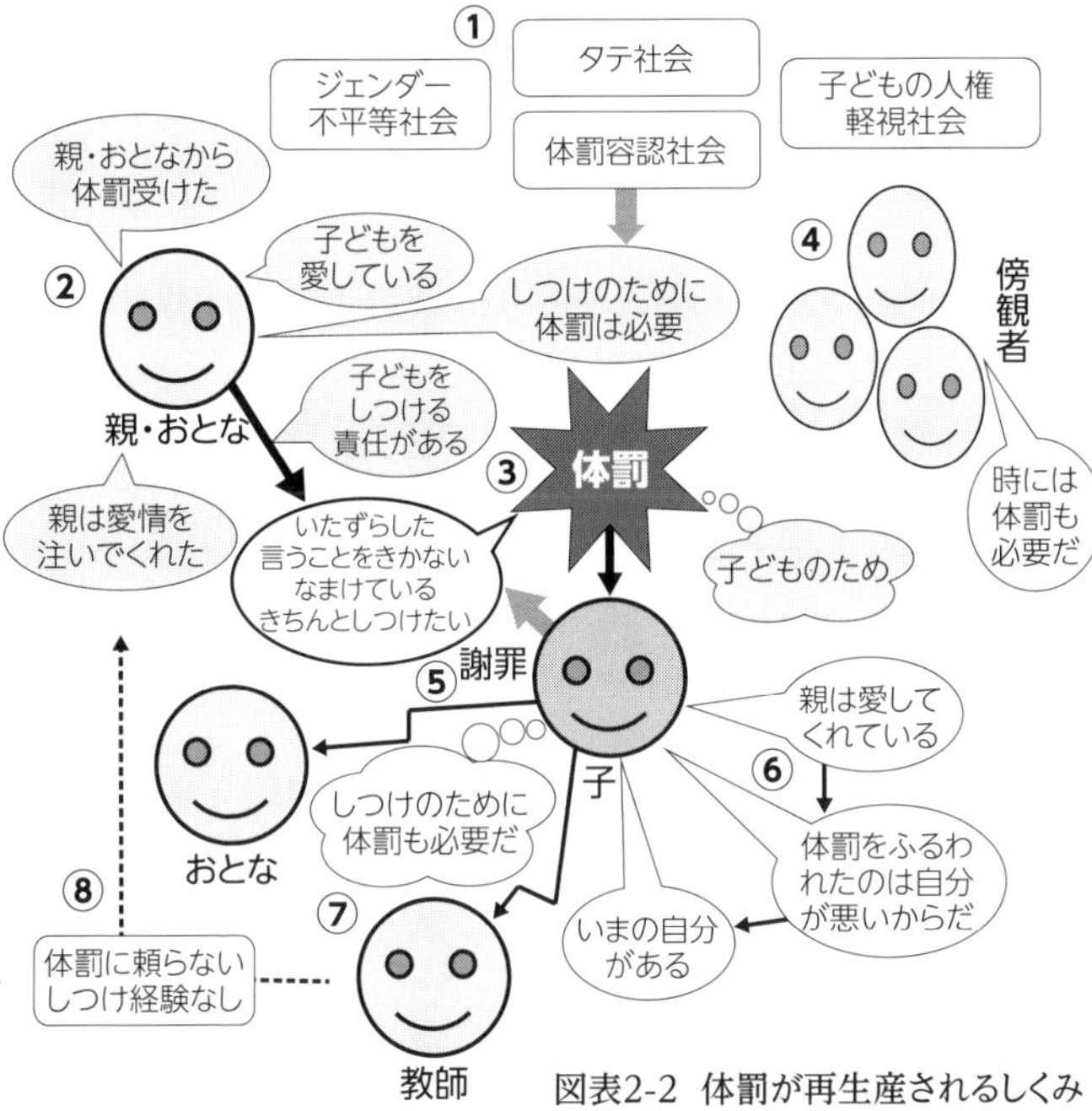

図表2-2　体罰が再生産されるしくみ

さて、二〇二二（令和四）年一二月に民法の一部が改正され、「第八二二条　親権を行う者は、第八二〇条の規定による監護及び教育に必要な範囲内でその子を懲戒することができる」という懲戒権を規定した条文が削除されました。そして、「第八二一条　親権を行う者は、前条の規定による監護及び教育をするに当たっては、子の人格を尊重するとともに、その年齢及び発達の程度に配慮しなければならず、かつ、体罰その他の子の心身の健全な発達に有害な影響を及ぼす言動をしてはならない」という条文が新たに加えられました。

「体罰その他の子の心身の健全な発達に有害な影響を及ぼす言動をしてはならない」は、親権を行う者に限らず、すべてのおとなにあてはまると受け止める必要があります。私たちおとなは、そのために体罰に頼らないしつけの方法を本気で身につけることが期待されます。

ここで、体罰に頼らないしつけの方法をそれぞれ考えてくださいというところで終わるのは、著者として無責任ですよね。

そこで、次章では体罰に頼らないしつけの方法を提案しようと思います。

第3章　しつけとルールの考え方は？

1　〝困ったちゃん〟どうする？

ここでは、まず、保護者や保育者にとって〝困ったちゃん〟と思えるような事例を取り上げて、こんなときどうする？　と、一緒に考えようと思います。

どのような方法がベストなのか、正解があるわけではありません。このようにしてみたらどうでしょうかという提案です。うまくいくかもしれないし、いかないかもしれません。次のような事例の場合にどうしたらよいか、アイデアを出し合っていただければと思っています。それではスタートしましょう。

〈例1〉

アイちゃんは、現在、生後八カ月の元気な女児です。でも、母親のマリさんによると、しばしば、何が気に入らないのか、大きな声で泣き出して、どんなにマリさんがあやしても泣きやみません。マリさんはもうくたくたです。

〈アイちゃん、どうしてほしいのかな?〉

アイちゃんについて「何が気に入らないのか」わからないのは、母親のマリさんの判断です。アイちゃんとしては、泣きたい理由があるのです。泣いて訴えたい理由があるのです、きっと。実は、アイちゃんはふだん、マリさんが家事をしている間、ベビーサークルのなかでひとりで過ごすことが多くあります。もうお座りができるようになって、ベビーサークルのなかにある、さまざまなおもちゃをつかんだり、投げたりしています。

でも、マリさんの姿が見えなくなったり、マリさんの声が聞こえなくなったりすると、不安な気持ちになるということが考えられます。

アイちゃんが泣き出したら、「アイちゃん、アイちゃん、ママ、ここにいるよ。寂しいのね。一緒に遊ぼうか?」と声かけをして抱っこして、アイちゃんの気持ちが落ち着くのを待つしかないのかもしれません。でも、ほかに何かアイデアはないでしょうか。

アイちゃんは、いつもいつも泣いているわけではないはずですから、マリさんが家事をしながらも頻繁にアイちゃんに声をかけたり、アイちゃんをのぞき込んだりして、アイちゃんの相手をする、というのはどうでしょうか。そして、アイちゃんが泣いていないときに、「楽しそうに遊んでいるね。これから洗濯物を干すから、終わるまで遊んでいてね」と言って、抱っこする。できれば、アイちゃんが泣き出す前にアイちゃんを抱っこして、アイちゃんに話しかけて、アイちゃんが機嫌よくしているときに家事をひとつ終わらせる。そして、家事がひとつ終わったときに、アイちゃんが泣かないで遊んでいたら、思いっきり抱っこする、というのはどうでしょうか。

アイちゃんからすると、泣いたらママは抱っこしてくれる、ということではなくて、泣かないで遊んでいると、ママはとてもうれしそうで、抱っこしてくれる、と。どうでしょうか。

〈例２〉

リツコさんがパートで働くようになって、保育所へ行くようになった一人っ子のイチロウちゃん。現在、二歳です。気に入らないことがあると、友だちをたたく、保育士をたたくといった乱暴な行動をとることがあります。保育士が注意すると泣きわめくのです。リツコさんは、仕事を辞めようかと悩んでいます。

〈イチロウちゃん、どうしてほしいのかな?〉

たしかに、友だちをたたいたり、保育士をたたいたりするというイチロウちゃんの行動は、許すことはできません。だからといって、イチロウちゃんのことを〝問題な子〟といった見方をするのは違うと思っています。むしろ、イチロウちゃんはなんらかの〝問題をかかえている子〟と考えてみてはどうでしょうか。

イチロウちゃんは、保育所が嫌いで、ずっと母親のリツコさんと一緒にいたいのだけれど、その思いをきちんとリツコさんに伝えることができないでいるのかもしれません。たしかにそれも理由として考えられますが、リツコさんが仕事を辞めて、イチロウちゃんが保育所を退所することによって、イチロウちゃんがかかえている問題が解決するとは思えません。

実は、イチロウちゃんは一歳半くらいから活発に歩いたり、動き回ったりするようになって、物を壊したり、テーブルの上のものをひっくり返したりと、次々にトラブルを引き起こすようになりました。そのために、だんだんとリツコさんや父親のタロウさんに叱られることが増えてきました。タロウさんから大きな声でどなられたり、時にはお尻をパシッとたたかれたりすることもありました。そして、大泣きすると、さらに叱られるという経験をしているようです。

イチロウちゃんは、気に入らないことがあると、だれかに自分の不満をぶつけることで、自分の不満な気持ちを発散するという方法を、二歳にしてすでに学習しているようです。

では、どうしたら保育所でのイチロウちゃんの乱暴な行動が少なくなるでしょうか。

まずは、リツコさんは、保育士さんから聴いたイチロウちゃんの様子をタロウさんにも伝えて、イチロウちゃんの両親として、一緒に家庭でのイチロウちゃんへの接し方について振り返ることから始める必要がありそうです。

イチロウちゃんに対して大声でどならないこと、たたいたりしないこと、ですよね。でも、〝言うは易《やす》く行うは難《かた》し〟ですね。

一人で悩まない、二人だけで悩まないことをお勧めしたいです。

イチロウちゃんの両親であるリツコさんもタロウさんも、イチロウちゃんの養育に不安をいだいていたり、あるいは、養育以外に何かの不安をかかえていたりするのかもしれません。

そこで、保育士の出番です。イチロウちゃんの担任の保育士や主任は、リツコさん、タロウさんに、イチロウちゃんの保育所と家庭での様子について理解を共有し、保育所でできること、家庭でできることなどについて意見交換の機会をもちたいと提案していただきたいです。

イチロウちゃんの家庭での様子について、保育士や主任がリツコさんやタロウさんから話を聴かせてもらう機会をもつことができれば、互いに信頼関係を築く大きなきっかけになります。

保育のプロとして、リツコさんとタロウさんに、子どもを大声でどなったり、たたいたりすることはしつけの方法として何の効果もないことを、毅然《きぜん》と伝えていただきたいです。あわせて、カッとなったときは、まず深呼吸をして、気持ちを落ち着かせることが必要であることも伝えていただきたいです。

そして、二歳児であれば、物を壊したり、ひっくり返したりするのはふつうのことであって、親としては、壊れそうな物やひっくり返すと困るものを、子どもの手の届きそうなところに置かないことが大事だと伝えていただきたいです。また、二歳児は動くことも速いので、とにかく子どもが危険な目に遭わないように、子どもから目を離さないことが大事だと伝えていただきたいです。

保育所では、イチロウちゃんの問題行動について、問題行動それ自体は許されないことをイチロウちゃんが理解できるように繰り返し働きかけるとともに、イチロウちゃんの怒りの後ろに隠れているつらい気持ちを理解することに努めて、イチロウちゃんのつらさが少しでも弱まるように、温かく接することが重要ではないかと思っています。

〈例3〉

三歳のウタちゃんは、食事がなかなかすすみません。口に入れたものを飲み込もうとしません。無理に食べさせようとすると、吐いてしまいます。いまのところ、ウタちゃんは健康面でとくに問題はないものの、食事のたびに母親のミカさんは疲れ切ってしまいます。ウタちゃんは昼間はこども園に行っているのですが、こども園での給食でも、ウタちゃんはいつもいちばん時間がかかっているそうです。

〈ウタちゃん、どうしてほしいのかな？〉

母親のミカさんがせっかくウタちゃんのために用意した食事を、ウタちゃんが喜んで食べてくれなかったり、ほんの少しの量しか食べてくれなかったりすると、ミカさんが悩むのはとてもよく理解できます。

でも、ウタちゃんの立場でこの状況をとらえてみると、何が問題でしょうか。

ウタちゃんにとっての問題は、ウタちゃん自身のペースで食事ができないこと、食べたくないにもかかわらず、無理に食べさせられることですね。子ども一人ひとりの食事の量は、それぞれの子どもによって違うはずですね、きっと。ウタちゃんは、いまのところ、健康面では問題ないので、食事の量については、それほど気にする必要はないようです。

では、食事のスピードについてはどうかといえば、ウタちゃんの食事にかかる時間が長いことや、こども園で給食時間内に食べ切るのがむずかしいことは、ウタちゃんの成長にとってそれほど重要な問題であるとは、私個人は思いません。

毎回の食事で、ウタちゃんの分を取り分けるときに、ウタちゃんに「これくらいなら食べることができる？」と尋ねてから、容器によそうようにするのもありですね。また、ウタちゃんが「もう食べたくない」と言ったところで、「もうお腹《なか》がいっぱいになったの？　では、ごちそうさまをしようか」と言って食事を終えたらよいのではないかと思いますが、どうでしょうか。

こども園などでも、何がなんでも給食をぜんぶ食べ終えなければならないと考えるのではなく、子ども一人ひとりが食べることのできる量を盛り付けたり、「お腹いっぱいになった」というところで食べ終わることを認めたりしてよいのではないかと思っています。

〈例4〉

エッちゃんは四歳。この四月から幼稚園に行くようになりました。でも、毎朝、着替えをしようとしない、食事もダラダラしてなかなかすすまないために、幼稚園バスの時間に間に合わなくなって、その日は幼稚園を休むことになってしまいます。母親のシホさんは、もうすぐ一歳になるオサムちゃんの世話もあって、どうしてよいかわかりません。

〈エッちゃん、どうしたいのかな？〉

シホさんは、エッちゃんが幼稚園に行かないことをとても気にしています。エッちゃんがほかのお友だちと同じように幼稚園に行けば、いろいろ新しい経験もできるはずなのにと、シホさんは悩んでいます。

エッちゃんは、幼稚園を休んだ日はご機嫌で、好きなおもちゃで遊んだり、オサムちゃんの相手をしたりするのですが、でも、オサムちゃんを泣かしてしまうこともあって、そんなときはシホさんに叱られてしまいます。

エッちゃんは幼稚園に行くことが嫌いなのかというと、そうではないようです。幼稚園バスに間に合って幼稚園に行くことができれば、幼稚園で楽しく過ごすことができているようです。そうであれば、まずはとにかく、朝、エッちゃんが幼稚園バスに間に合うように、着替えを手伝って、食事もほんの少しでも食べたらよしと考えて、バス乗り場まで送っていきましょう。

エッちゃんが朝、どうして着替えをしようとしないのか、食事をダラダラと食べているのかと考えると、やはり幼稚園に行きたくない理由がありそうです。エッちゃんの心のうちは正確にはわかりかねますが、エッちゃんが幼稚園に行っている間、オサムちゃんが思いっきりシホさんに甘えられることが、うらやましくて仕方がないのではないかと考えられます。オサムちゃんが生まれてから、母親のシホさんをオサムちゃんに取られてしまったような寂しさを、エッちゃんは感じているのではないかと思っています。オサムちゃんと同じようにシホさんに甘えたいのだけれど、甘えたいということをうまく表現できないようなのです。シホさんも、エッちゃんはもう四歳なのだから、お姉ちゃんになったのだから、しっかりしてほしいという願いから、以前のようにエッちゃんを抱っこしたり、ハグしたりすることが少なくなっているようです。

子どもが、お母さんやお父さんに抱っこしてもらったり、ハグしてもらったりして、愛されていると実感できる体験は、子どもの年齢に関係なく、子どもの感情の発達にとってとても重要であると思っています。

子どもから「お母さん、抱っこして」「お父さん、おんぶして」と言ってもらえるなんて、親としてとても幸せなことではないですか。子どもの年齢に関係なく、子どもの気持ちを受け止めて、抱っこしたり、おんぶしたり、ハグしたりすれば、互いに愛情を確認し合えること、間違いなしです。

エッちゃんと一緒にいるときに、できるだけエッちゃんを甘えさせてあげてほしいと思います。「エッちゃんのこと、大好きよ」と伝えてほしいです。そして、エッちゃんとの時間に、エッちゃんの好きなことを一緒にしてあげてほしいと思います。

朝、エッちゃんが起きたら、ハグをして、「さあ、きょうも元気に幼稚園に行こう」と声かけをするのはどうでしょうか。幼稚園に行くことができたら、帰ってきたときにまた思いっきりハグをしたり、抱っこをしたりして、幼稚園でのできごとを聴いてあげるのはどうでしょうか。エッちゃんにとっても、母親のシホさんにとっても、幸せの時間になるように思います。

〈例5〉

カオリちゃんは五歳。幼稚園の年中組です。けっこう自分のことを自分でできるようになってきました。でも、夕食の時間になっても、遊んでいるおもちゃを片付けようとしません。近ごろ、母親のハナさんの言うことを何も聞いてくれません。ハナさんは、カオリちゃんが憎らしくなるときがあります。

〈カオリちゃん、どうしたいのかな？〉

ハナさんにとって、カオリちゃんがもう少し小さいときは、カオリちゃんはハナさんの言うことをよく聞いてくれて、とても世話をしやすかったのです。それだけに、カオリちゃんがなかなか言うことを聞いてくれないとなると、イライラしてしまう。その気持ち、よくわかります。

では、カオリちゃんの立場でこの状況をとらえ直してみましょう。カオリちゃんにとっては、いま目の前の遊びに集中していて、ここでやめることはどうしてもしたくないのです。切りのところまで遊んで、それから夕飯を食べたいのです。「お母さんは、私の気持ちをぜんぜんわかってくれなくて、いつも自分の思いどおりにしたいと思っている」と思っているのですが、言葉ではうまく伝えることができなくて、結果的にハナさんの言っていることを無視することになってしまっているようです。

カオリちゃんの気持ちがわかったら、では、ハナさんはどうすればよいでしょうか。

ハナさんに一言、アドバイスできるとすると、カオリちゃんがもっと小さかったときのように、ハナさんがカオリちゃんを自分の思いどおりに動かせるとは、もはや考えないほうがよいと思います。

ハナさん、父親のシロウさん、そしてカオリちゃんと一緒に、家族の約束ごとについて話し合いをしてはどうでしょうか。カオリちゃんの言いなりになるのではなく、カオリちゃんを対等な家族の一員として尊重して、約束ごとを決めるということです。約束ごとを決めたら、カオリちゃんだけではなく、ハナさんもシロウさんも約束ごとを守る必要があります。あわせて、だれかが約束ごとを守らなかったときはどうするかということも、決めておいたらいいと思います。

ここまで、乳幼児の〝困ったちゃん〟の事例を取り上げて、このような場合はどうする？と考えていただきました。〝育児書みたい〟と思われた方々も少なくないかもしれません。そして、読みやすかったけど、子どもの人権尊重とどう関連するの？　と疑問に思われたかもしれません。

それもそのはずで、従来、意識的に、子どもの人権を尊重する育児とは、という問題提起があまりされてこなかったのです。しかし、子どもがこの世に生を受けたときから、日々、子どもにかかわるおとなが子どもの人権を尊重した養育をすることが重要ではないかという思いから、事例をとおして「子どもの人権を尊重した」養育のあり方を提案させていただきました。

2　子どものしつけのポイントは？

しつけに関するさまざまな一般書を参考に、最小限のポイントを列挙してみましょう。

最初に、「しつけ」のねらいは何でしょうか。しつけについてさまざまな考え方がありますが、親による子どものしつけとは、成人したときに自信をもって親元から飛び立てるだけの力や才覚を、子どもに身につけてほしいと願っておこなう働きかけであると私個人は考えています。親としてのしつけができておれば、自信をもって子どもの背中を押すことができるのではないかと思っています。まさに、〝親離れ－子離れ〟です。しつけの中身は、次章でお示しする、自立力にかかわる部分であると考えています。

でも、親は具体的に子どもをどのようにしつけたらよいのでしょうか。けっこうむずかしいです。

①身につけてほしい行動様式

子どもに身につけてほしいと考える行動様式は、いずれの親御さんも共通とは限りません。そうであれば、わが子に身につけてほしい行動様式については、親御さんが手本を示すのがいちばん手っ取り早く、効果があるのではないかと思っています。言葉遣いやあいさつが大事ということであれば、親御さんが日ごろから、好ましい言葉遣いやあいさつの仕方を、子どもの模範となって率先してやってみせるというのはどうでしょうか。

子どもたちに恐怖を与えるような脅しの言葉は絶対に使わないでほしいと願っています。「死んでしまえ！」「出ていけ！」「殺すぞ！」など、実際に聞いたことのある言葉ですが、その場に居合わせながら、何もできなかったわが身を恥じています。万が一、また同じような場面に出くわすことがあったら、目の前の子どもに、せめて「そんなこと言われるとつらいよね」と声をかけようと思っています。

子どもの人権を否定するような言葉で、子どもをどならないでほしいと願っています。「バカ！」「アホ！」「ボケ！」に限らず、ほんとうにひどい、汚い言葉を使う人がいます。

また、子どもたちのなかには、親御さんの前ではいわゆる〝いい子〟にしていても、外では、必ずしも好ましいとはいえない行動をとる子どもたちもいます。

わが家の子どもたちが小中学生のころ、子どもたちの友だちがわが家へ遊びに来ることがよくありました。ただし、私が自宅にいるときという条件をつけていました。そんなときに気になったことがいくつかあります。玄関に靴を脱ぎ散らかしていたり、私と会ってもあいさつしてくれなかったり、気づかないうちに帰ってしまっていたり。また、友だちが帰ったあとに家具が傷ついていることがわかったり、おもちゃを持ち帰っていたり、などもありました。息子たちにはそのつど、友だちの家へ行ったときにこういったことは気をつけてほしいと伝えました。

②親として伝えたいこと

親として赦《ゆる》すことができない行為、あるいは、親として伝えたいことなどは、子どもが物心ついたころから折にふれて話をするのはどうでしょうか。私の場合は、次のようなことがらです。

人を差別しないこと、人に暴力を振るわないこと、自分が人からされて嫌なことは人にしないこと、人の信頼を裏切るような行為をしないこと、そして、人に感謝されるような生き方をしてほしいこと、などなど。

息子たちの育ちを振り返ってみて、よかったと思えることは、信頼できる友だちができたこと、そして、学びや仕事の選択においてやりたいことを見つけられたこと、あとひとつ付け加えるならば、性別役割分業意識にとらわれず、そこそこジェンダー平等意識は身についているように思えること、でしょうか。

③子どものルール違反

子どもがルール違反をしたとき、他人の人権を侵害するような行為をおこなったときは、親としてどう対応すればよいでしょうか。

〈子どもがうそをついたとき〉

前述したように、わが子がうそをついたとき、私は子どもをたたいてしまったことがありました。子どもをたたいてしまった自分自身を、ほんとうに情けなく思いました。

いまなら、次のような対応が望ましいのではないかと考えています。

まず、事実確認をする必要があります。子どもに、そのような行為をしたいきさつを問います。いまの気持ちを問います。そして、どのように償うかを問います。さらに、それ以上うそを重ねないためにどうしたらよいかを親子で一緒に考えるだろうと思います。

〈子どもが人をけがさせてしまったとき〉

息子が小学校五年生のときに、クラスメートにけがをさせてしまったことがありました。担任の先生から連絡をいただいて、すぐに息子に事情を問いただしました。

息子の話によると、何かの行事で体育館で並んで椅子に座っていて、隣に座っていたそのクラスメートがちょっかいを出してきたので、「やめろ！」と言いながら振り払ったところ、そのクラスメートが椅子ごと倒れて、右腕をけがしたとのことでした。

理由いかんにかかわらず、親として、子どもを伴って、そのクラスメートの自宅へお詫《わ》びをしに行きました。親としての保護責任がありますから。子どもにとっては、自分が他人の人権を侵害するような行為をしたことで、親が頭を下げて詫びているところを目の当たりにすることは、いちばん心に響くのではないかと思ってきました。

幸い、そのクラスメートから「ぼくが先に手を出したから」と言っていただき、親御さんも「これからも仲良くしてください」と寛大な対応をしてくださいました。

とはいえ、子ども自身が、他者を傷つける行為は、理由いかんにかかわらず絶対にしてはならないということを十分に理解し、反省し、そして、相手にきちんと謝って、赦してもらうことが重要であることはいうまでもありません。

親としては、何度も起こってほしくないことですが。

3　子どもを叱るということ

「叱る」とは、子どもに限りませんが、「危ないことをしようとしたとき、意図的に他人を傷つけたとき、不快にさせるようなことをしたとき、意図的に社会的なルールを破ったときなど、それらの行為を非難して、なぜおこなってはならないかを理解できるように話し、ふたたび同じ行為をしないように言い聞かせること」ととらえておきましょう。

叱る行為には、必ずしも大きな声を出す必要はないはずです。もちろん、体罰を振るう必要もないはずです。大事なことは、叱られる本人が、なぜ叱られているのかを理解できること、そして、同じ行いを繰り返さないでおこうと反省することです。それが叱ることのねらいであるはずです。

〈幼い子どもの場合〉

幼い子どもが刃物を見つけて、それで遊ぼうとしているのを見つけたら、あなたならどうしますか。

急いで手に持っている刃物を取り上げますよね。そのときに「なんで、そんな危ないものを持っているのっ?!」と、声を荒げてしまいませんか。幼い子どもの場合、刃物が危ないものであることを知らないで持っていて、急に大声でどなられると、そりゃびっくりして大泣きしますよ。

このような場合、子どもの手から刃物をすぐに取り上げることは重要ですが、でも、子どもがすでに親の話す内容を理解できるようになっているなら、「○○ちゃん、それは、おもちゃじゃないよ。危ないから、パパにちょうだい」、あるいは「それは危ないから、こちらのおもちゃと代えっこしてちょうだい」と、落ち着いた口調で話すと、子どもは案外、意味を理解して、刃物を渡してくれるかもしれません。

子どもが刃物を渡してくれたら、「これは、手を切ってしまうかもしれない。そしたら、血が出て、イタイ、イタイだよ」と、子どもが理解できるように、何度も何度も繰り返して話すことが必要です。

子どもがまだ危険性を理解できない年齢であれば、子どもが危険なものに近づくことができないように、危険なものを子どもから遠ざけるしかなく、それは親の役割であり、責任です。

子どもを叱るときに親が感情的になってしまったら、叱ることの効果を期待できないことも押さえておきます。親が大声を出したり、声を荒げたりして叱ると、子どもは、親が怖くて、その恐怖を回避するために親に謝るかもしれません。でも、なぜ叱られているのかという意味を十分に理解しないままになりかねません。

腹が立って、カッとなったら、そのときはまず深呼吸して、クールダウンに努めましょう。子どもをたたきそうになったら、いったん子どもから離れることも必要です。

また、子どもが失敗したときは叱ってはいけないことも肝に銘じておきたいものです。

子どもが食事中にお汁をこぼしたり、カーペットの上にお漏らしをしたり、画用紙ではなく床の上にクレヨンで描いてしまったり、などなど。子どもは次々とトラブルを引き起こします。

親にとっては、忙しいうえにさらに仕事が増えるので、がっかりしたり、イライラしたりするのも無理はありません。

でも、子どもの身体能力が十分に発達していない段階では、できないのは仕方ないのです。

子どもが失敗するから、あるいはできないからということで、子どもに何もさせようとしなければ、子どもの身体能力は発達しないでしょう。むしろ、子どもがやりたいという意思を大事にして、失敗することは大目にみることが大切ではないかと思っています。

失敗することは大事なのです。子どもが失敗したら、次はどうすれば失敗しないでできるか、アドバイスをするというのはどうでしょうか。

〈中高生の場合〉

子どもが小学生の間は、親が、子どもが学校の宿題をしたかどうかをこまめにチェックしたり、連絡帳を確認したりすることで、子どもの学習状況についてある程度は理解することができます。

でも、子どもが中学生以上になると、毎日、宿題があるわけではないし、子どもが授業についていけているのかどうかもわからなくなっていきます。そして、定期テストの前でも子どもが一向にテスト勉強をしているように見えなければ、親として不安とイライラが募りますよね。

長男が中学校に入学して、一学期の中間テストのときのこと。「明日から定期テストが始まるけど、ちゃんと勉強しているの？」と問うて、子どもが「してる。大丈夫や」と言っていたにもかかわらず、テストの結果が散々だったことがありました。

このようなとき、どうしますか。

「なんできちんと勉強しないの？」と、怒りをぶつけても無意味ですよね。言うまでもなく、子どもは親のために勉強するのではないからです。親がどんなに叱っても、勉強したくない子どもは、勉強しようとはしません。

実際のところ、子どもが親や教師から「一生懸命に勉強しなさい」とどれだけ言われたとしても、子どもがすんなりと勉強しようとは思えっこないのです。

何のために勉強するの？　という、勉強する意味が理解できていなければ、学ぶ意欲は湧きません。

勉強って、どうしたらできるのだろうか？　という、学び方がわからなければ、学習に手をつけることはできません。

意外と、おとなは子どもたちの思いを理解していません。

子どもと一緒に、何のために学ぶのか、どのようにして学習すればよいのか、ということを話し合ってみませんか。

私の場合は、子どもの教科書を一緒に学びました。そして、子どもと一緒にドリルをしました。子どもは、少しずつ学ぶコツがわかっていったようです。

二男が高校に入学して、成績がドカ下がりしました。原因は、部活のために授業以外での学習時間がほとんどとれなかったことです。朝練のために六時前に自宅を出て、帰宅は夜九時ごろになりました。夕飯を済ませて机に向かうと居眠りをしていました。土日も練習がありました。試験前にも練習がありました。一保護者としてどうにもならないくやしさを痛感しました。

勉学を犠牲にしてまで、勝負にこだわって部活に没頭させる日本の部活動のあり方に、いまもって疑問をいだいています。

勉学と両立できないということのみならず、指導の仕方においても、「子どもの人権を尊重する」など、まったく無関係であるかのような部活動が、日本の各地でまだまだまかり通っているのではないでしょうか。

4　ルールの考え方

ここから話が変わります。代表的なルールとして、校則を取り上げましょう。

大学で「市民と生活入門」という授業を担当していたときに、毎年のように受講生に、中学校、高校のときにおかしいと思う校則がなかったかどうか、そして、自分たちで校則を変えた経験があるかどうかについて、尋ねていました。

学生がおかしいとして挙げた校則として、髪型では、ツーブロック禁止、パーマ禁止、女子では、髪が長いときは黒か紺か茶色のゴムでくくる。制服の下に着るセーターは紺、靴下は白でロゴはワンポイントのみ。下着の色は白。ピアス、化粧の禁止。携帯の禁止などが挙がりました。

正直なところ、制服の下に着るセーターの色や下着の色まで指定があるということは、教職員が生徒の下着の色までチェックするということかと、びっくりしました。

そもそも、校則とは何でしょうか。

実は文部科学省は、「こども基本法」が制定されたことをふまえて、二〇二二（令和四）年一二月に、一二年ぶりに『生徒指導提要』を改訂しました。そのなかで「校則」について次のように記しています。少々長いのですが、引用します。[*1]「児童生徒が遵守すべき学習上、生活上の規律として定められる校則は、児童生徒が健全な学校生活を送り、よりよく成長・発達していくために設けられるものです。校則は、各学校が教育基本法等に沿って教育目標を実現していく過程において、児童生徒の発達段階や学校、地域の状況、時代の変化等を踏まえて、最終的には校長によって制定されるものです」。続けて、「校則の在り方は、特に法令上は規定されていないものの、これまでの判例では、社会通念上合理的と認められる範囲において、教育目標の実現という観点から校長が定めるものとされています」と（文部科学省 2022：一〇一）。

こども基本法の理念をふまえるかたちで、たとえば、改訂前の『生徒指導提要』における「校則」の定義にあった「学校が……児童生徒の行動などに一定の制限を課すことができ、……」という一文が削除されたことで、校則とは、児童や生徒に守らせ、一定の型にはめる規則であるといったニュアンスが軽減されたことは良かったといえるでしょう。また、「校則に基づく指導を行うに当たっては、校則を守らせることばかりにこだわることなく、何のために設けたきまりであるのか、教職員がその背景や理由についても理解しつつ、児童生徒が自分事としてその意味を理解して自主的に校則を守るように指導していくことが重要です」とあります。さらに、「校則に違反した場合には、行為を正すための指導にとどまるのではなく、違反に至る背景など児童生徒の個別の事情や状況を把握しながら、内省を促すような指導となるよう留意しなければなりません」と記されています。校則について、児童生徒が「自主的に守る」ものという観点が明記されたことは大きな転換です。

さらに、「その内容によっては、児童生徒の学校生活に大きな影響を及ぼす場合もあることから、その在り方については、児童生徒や保護者等の学校関係者からの意見を聴取した上で定めていくことが望ましいと考えられます。また、その見直しに当たっては、児童会・生徒会や保護者会といった場において、校則について確認したり議論したりする機会を設けるなど、絶えず積極的に見直しを行っていくことが求められます」と記されており、児童生徒の意見表明権を尊重する姿勢が読み取れます。

教職員は、強制的に児童生徒に校則を遵守させるのではなく、児童生徒が自主的に校則を守るように、校則の内容について説明責任を担い、校則の意義について児童生徒の理解を促す役割を担い、それでも校則に違反した場合には、教職員がカウンセラーやケースワーカーの役割を担って、内省を促すことが期待されています。教職員には、生徒指導において、これまで以上の力量とスキルが求められるということです。さらに、校則の内容について児童生徒や保護者等から意見を聴取したり、校則について議論したりすることも期待されています。

校則の考え方に大きな改善が見られます。ただし、教員不足が深刻になっている教育現場において、果たしてどれだけの学校で、どれだけの教職員が、児童生徒が校則を自主的に守るように指導できる余裕があるのか、さらに、校則の在り方について児童生徒や保護者の意見を聴取したり、議論したりする余裕があるのだろうかと、正直なところ、非常に危惧しています。

ところで、校則というのは、児童生徒だけが守るべきなのでしょうか。教職員や保護者は守る必要はないのでしょうか。校則が学校の規則であるならば、学校のすべてのメンバーが守るべきではないかと考えます。

これまでの章において、おとなと子どもとは対等な関係であるととらえてきた立場からすると、現行の校則では、教職員が児童生徒を指導することになっており、学校（教職員）と児童生徒との関係が支配－服従関係、あるいは上下関係のままである点については、私自身はとうてい受け入れがたいのです。

校則とは、学校（教職員）が、児童生徒に、たとえ自主的であっても、守るように指導する規則ではなく、児童生徒だけではなく、教職員も含めてだれもが日々、快適な学校生活を送れることをめざす規則であるべきだと思います。そのためには、必要最小限の内容にするということでよいのではないでしょうか。従来の校則のなかに人権侵害にもなりかねない校則がないかどうか、ぜひ見直していただきたいです。

ここからは、校則について私見を述べたいと思います。

まず、学校という教育機関の秩序を維持するうえで、必要最小限の規則（それを校則と呼ぶかどうかは別として）は必要であると考えています。集団生活を維持するための必要最小限のルールです。たとえば、始業と終業時刻、授業時間、通学、欠席、早退などの手続き、評価の仕方、などです。これらの校則のなかで、学校独自で変更できないものと変更可能なものとは区別し、その区別については周知される必要があります。

そもそも学校の主人公はだれかという点について、私自身は当然、児童生徒であると考えています。

学校は、学びの主人公である児童生徒が、教職員とともに、互いに人権を尊重し合いながら、大いに学び、成長できる、きわめて重要な組織であるととらえています。

学校という教育機関について、このような認識をふまえたうえで、校則について問題提起をします。

校則は、学校という教育組織の秩序を維持するうえで必要であることは確かです。そうであれば、校則とは、児童生徒のみが遵守するのではなく、「学校の秩序を維持するうえで、学校の構成員すべてが遵守すべき必要最小限の規則」ととらえるのはどうでしょうか。

そして、校則の制定における最終的な権限は校長にあるとしても、校則の制定、見直し、修正については、学校の構成員、すなわち児童生徒、教員職員、そして保護者も含めてだれもが問題提起し、校則の見直しや修正の議論に参加することができることが重要であると考えます。当然ながら、校則の具体的内容について、学校の構成員みんなの意見が反映されることが重要です。

校則についての私の考え方は、児童生徒にとって日々の重要な生活の場であり、しかも学び合いの場である学校が、子どもたちの人権学習の絶好の場になってほしいとの期待がバックにあります。

教職員と児童生徒とが対等に、互いに尊重し合う関係を築いていたり、校則の見直しや修正においては、児童生徒、教職員、保護者が一緒に議論に加わったりするような学校では、子どもたちは、日々の活動をつうじて人権尊重、主権者であること、民主主義について学び、会得することができるはずです。

ここで、私の地元、子どもたちが通っていた豊中市立第十一中学校で、約三〇年前に校則の見直しがおこなわれたという実践を紹介しましょう。

○豊中市立第十一中学校の「生徒憲章」

（以下は、かつて当校に通学していた二男が学校から持ち帰ったプリントに書かれていた内容であり、当時、非常に感動して、そのプリントをずっと大事に保管しておいたものです。「生徒憲章」は、いまも変更されずに、そのままだということです。公開することに問題ないとの許可を得ましたので、転載させていただきます。引用中の〔　〕内は神原）

〔一九七三（昭和四八）年四月一日〕創立以来、生徒手帳には「生徒心得（校則）」が書かれていました。それに対する先輩たちの校則改正への取り組みは、『校則とは何か』という本質的な問いかけではありませんでした。そのため、〔生徒会において〕六〇項目の見直しが始まりました。そうして、一九九五年三月二三日に初めて開かれた生徒総会で、『生徒心得の全面的見直し』が承認され、『標準服を見直す決議』が採択されました。


服装について、いろいろな考えの人がいます。その意見がいい、どの意見が間違っている、という権利は、誰にもありません。

ただ、みんな、自分の個性を大切にしたいと思っているはずです。ただ、みんな、自分の意志をしっかりと持ちたいと願っているはずです。

一人ひとりの個性や意志が尊重されるために、生徒心得「2、服装について」を見直すことを、来年度から、みんなで協力して、考えて、取り組んでいきましょう。

一九九五年度に入り、生徒会校則検討委員会が結成され、「生徒心得」の大部分を占めるのは、服装であるという確認のもとに、全クラスで検討し、七月五日の第二回生徒総会で、『自由服をめざすために、試行期間を設ける』ことになりました。

> 『自由』服になる、ということは、「自由」という権利を求めることであり、それには中学生としての自覚と、社会に対する責任がついてくる、ということも何回も確認してきました。
> 今、私たちは、私たち自身の生活や行動に、本当に責任が持てるでしょうか？ 今ある校則さえ守れないのに、という不安の声もたくさん聞きます。でも、今までとは、まったく違う、新しい出発をするのだから、不安が生まれるのは当然のことです。その不安を取りのぞき、大丈夫だ！ と言えるような取り組みをしたい、とみんなで考えてきました。そして、その結果「実際に自由服にしてみて、どんな風になるか、どんなことが起こるのか？」ということを知るために「一カ月以上の試行期間を設けて取り組む」ことが、承認されたのです。

そして、二学期の試行期間［九月一日～］の三つの目標、すなわち、「自立」「自由」「自治」

をふまえて、今、ここの場で『一九九六年一月八日から、自由服の本格実施をする』ことが可決されました。

その結果、ここに、第三回生徒総会の名において、「生徒心得」を改め、新たなる【生徒憲章】を創ることを宣言します。

一九九五年一一月二二日　第三回生徒総会

【一】「自　立」　一人ひとりみんなが、
自分で考え、判断し、行動しよう。

【二】「自　由」　一人ひとりみんなが、
自由という権利を求めるには、
社会に対する責任があることを自覚しよう。

【三】「自　治」　一人ひとりみんなが、仲間として認めあう、
よりよい十一中を創りあげよう。

【四】「人　権」　一人ひとりみんなが、人権を尊重し、
差別やいじめのない十一中にしよう。

【五】「学校生活」　一人ひとりみんなが、

学校生活の主人公として、
共に学び、共に生き、共に育つ十一中にしよう。
〔学習〕学習を大切にしよう。
〔環境〕環境を大切にしよう。
〔時間〕時間を大切にしよう。
〔マナー〕TPOを考えよう。
【六】「地域生活」一人ひとりみんなが、
十一中の生徒であるとともに、
地域・校区の市民であることを自覚しよう。

「生徒心得」に代わって「生徒憲章」が創られたことで、生徒指導がむずかしくなったという話を聴いたことがあります。たとえば、卒業式前に、髪を金髪に染めてきた生徒（息子の友だち）がいたのですが、担任の先生も「だめ」と言えずに、時間をかけて、髪を元に戻すように説得されたそうです。でも、当の生徒は、そのまま卒業式に出席しました。結果として、なんらトラブルは起きませんでした。私は当然だと思いました。

地元の中学校において、三〇年近く前にこのような「生徒憲章」が創られて、今日まで変更されることなく、生徒の行動指針になっているようであり、個人的には、このことは一住民としてとても誇らしいことであると思っています。

その後、隣の中学校でも「生徒心得」の見直しをされたそうですが、最終的に、現行の制服を続けるという結論になったそうです。そのことが全校の総意であるなら、それでよいのです。全校で話し合ったというプロセスが重要なのですから。

＊1　文部科学省 2022『生徒指導提要』https://www.mext.go.jp/content/20230220-mxt_jidou01-000024699-201-1.pdf（二〇二四年一一月二五日アクセス）

第4章　私の人権を尊重する？

1　「子育て」と「教育」から「個育ち」と「共育」へ

子どもたちの人権を尊重するために、私たちおとなの役割は何だろうかと考えていたときに、気づいたことがあります。

日本の社会では、「子ども」は常に目的語なのです。どういうことかというと、「子育て」というと、「おとなが子どもを育てる」ということで、子どもは主格ではなく、目的格です。それから、「教育」というのは、たとえば「教師が子どもを教え育てる」ということで、やはり、子どもは主格ではなく、目的格です。

子どもの人権尊重を本気でめざすのであれば、子どもを目的格とした関係性を見直す必要があるのではないかと考えるようになりました。

子どもが常に育ててもらったり、教えてもらったりする目的格としての位置づけから、子どもが、育つこと、学ぶことの主格に位置するという関係性へと発想を変えることが、子どもの人権尊重をめざすスタートになるのではないかと思いいたりました。

すなわち、「子どもが育つ」「子どもが学ぶ」というように。

さらに、育ったり、学んだりするのは、子どもだけではなく、私たち一人ひとりが、実は死ぬまで育ったり、学んだりする存在であるととらえることが、人権を考える原点ではないかというアイデアにたどり着きました。

それでは、おとなである私たち自身が、自分の人権を尊重しているだろうかと考えたときに、衝撃が走りました。

私自身が、私の人権を大切にしているのだろうか。

読者のみなさんはどうですか。

私の人権について考えるということは、実は、自分自身の育ちと向き合うことではないかと考えるようになりました。

そこで、あらためて、私という「個人が育つ」とはどういうことか、と問う必要があることに行き当たりました。そして、自分自身の日々の育ちと向き合うなかで、共に育ち合う人びととの関係の重要性を再確認しようと思ったのです。

2　育つということ

⑴「育つ」ってどういうこと？

自分の人権を尊重しているかという問いは、ほかならず、私自身、どのように自分を育てているかと問うことを意味します。

私ができること、そして、読者の方々もそうですが、私たち一人ひとりができること、何よりもすべきことは何かといえば、自分が育つこと、自分を育てることです。

自分の人権を尊重するということは、自分の育ちを大切にすることと読み替えることができます。そして、私たち一人ひとりが一生を通じて何をすべきかといえば、死ぬまで自分を育てることであり、それは自分の人生を生き切ることだろうと考えています。

「育つ」というのは、植物でたとえると、種から芽が出て、根や茎や葉っぱが伸びて、やがてつぼみができて、花が咲く。ただ、そこまでが育つということではなくて、枯れ落ちるところまでが「育つ」です。自らが枯れ落ちて、「自らの育ちを終える」ことになります。枯れ落ちることは良いことなのです。枯れ落ちることによって、また新しい次の世代の生命が芽生えるからです。

実は、「育つ」という言葉の意味をいろんな文献で調べたのですが、明確で納得のいく定義を見つけることができていません。「育つ」とは、いったいどういう意味なのか。「育つ」という言葉はあまりにも当たり前すぎて、だから、納得のいくような説明がされていないのかもしれません。

そこで私は、生活者という視点から、「育つ」とは「ほかのだれでもない私が、生きる営みをとおして自分を解き放つこと、そして、解き放ちながら、いろんな人とのつながりを築いていくこと」と、現時点ではとらえています。

「育つ」というのは、まず、一人ひとりが主人公だということです。自分が主人公なのです。次に、「生きる営み」とは、私たちは動物ですから、呼吸して、食べて、活動して、休んで、排泄《はいせつ》して、などをおこなっていることを意味します。そして、「自分を解き放つ」とは、たとえていえば、昆虫が卵の殻を破って幼虫になって、さなぎになって、その殻を破って成虫として羽ばたいていくような、自らの生命力によって内から外に向かって突き破っていくイメージです。さらに、私たち人間はひとりでは生きていくことはできないのであって、自分が育つためには、さまざまな他者とつながり、「支え−支えられる」関係が不可欠であり、一生をとおしてさまざまなつながりを築いていくことが、自分が育つうえで欠かせないことと考えています。

⑵自己評価をしてみよう

ここで、みなさんに自己評価をしていただきたいと思います。あまり深く考えないで、「はい」か「いいえ」で答えてください。

①自分は恵まれた生活をしていると思いますか。
②自分には得意なことがあると思いますか。
③自分に対して自信をもっていますか。
④自分の長所も短所も含めて自分のことが好きですか。
⑤どんなときでも自分を受け入れてくれる人がいますか。
⑥自分はこの世の中でかけがえのない存在だと思いますか。
⑦自分を心から愛してくれている人はいますか。
⑧自分が心から愛している人はいますか。
⑨自分自身に誇りをもっていますか。
⑩これからの人生でやりたいことがありますか。あるいは、いまやりたいことができていますか。

一〇の質問について、みなさんは、「はい」はいくつあったでしょうか。

実は私は、これまでいろんな機会に、小学生、中学生、高校生、大学生、それから社会人の方々、また小学校の先生方などにも同様の質問をして、答えていただいてきました。

傾向としてひとついえることは、年齢が上がるほど、「はい」の数が減っていくのです。学校の先生方も、「はい」の数が少ない傾向にあります。

私が非常に残念でくやしいのは、子どもたちが小学校で学び、中学校で学び、高校で学び、そして大学でも学ぶにつれて、「はい」の数が減っているという現実です。

当初は、子どもたちの年齢が上がるほど、知識が増えて、できることも増えて、それらが自己評価に反映するのではないかと単純に考えていたのですが、そうではないのです。

日本の学校教育は、子どもの年齢が上がるほど、学校で学べば学ぶほど、子どもたちが自己評価を下げざるをえなくしている、自信を摘んでしまっているのではないかと思えて仕方がありません。子どもたちが、学べば学ぶほど、自分の評価を下げていくとしたら、そのような教育は〝おかしい!〟し、どこか間違っていると思っています。

もちろん、日本人の多くの方は、「何か得意なことがあると思いますか」と問われると、謙虚さから「得意なことは別にありません」と答える傾向にあるのかもしれません。走るのが速いわけじゃないし、歌を歌うのも下手やし、勉強もまあまあやし、といった具合です。

あるいは、「自分に誇りをもっていますか」という問いでは、「そんな、『誇りをもっています』なんて、恥ずかしくて言えない」という具合です。そのような謙虚さゆえに、なかなかこれらの問いについて「はい」とは答えられないのかもしれません。

子どもたちや学生に「自分に対して自信をもっていますか」と問うと、たとえば、「もっと勉強をがんばって、自信をもてるようにしたいです」「もっと○○がうまくなるようにがんばって、自信をもてるようになりたいです」といった答えがしばしば返ってきます。

日本の子どもたちは、がんばるだけではだめで、人よりも秀でていたり、すばらしい結果を出したりしなければ評価されない、褒めてもらえない環境で育っています。そのため、自分に自信をもてないのは仕方ないことであって、たいした結果を出していないのに自分に対して自信があるなどと言えば、まわりから笑われてしまう、といった意識を早くから内面化してしまっているのではないでしょうか。

実は、この一〇の問いは、自分のことをどれだけ大切に思っているか、いうなれば、「自分の人権尊重の度合い」を測る評価表です。

私自身についていえば、ぜんぶ「はい」です。

「①自分は恵まれた生活をしていると思いますか」は、「はい」です。マイペースで、好きなことをして生活することができています。

「②自分には得意なことがあると思いますか」と問われると、「はい」です。しばしば答えるのは、ものすごく寝起きがいいです。寝付きもいいです。ベッドに入って五分もしないうちに寝ています。

「③自分に自信をもっていますか」と問われると、「はい」です。自分の人生を生き切る自信があります。死ぬまで自分の人生を全うします。

「④自分の長所も短所も含めて自分のことが好きですか」と問われると、「はい」です。私も、七〇年以上、生きてこられて、つくづく思うのですが、大きな病気をすることなく、私の頭のてっぺんから足の先まで、よくがんばってくれているなと思っています。だから、私自身がこの私のすべてを好きになってやらないと、いったいだれが好きになってくれるの！　と思うわけです。いまは、自分をもっと大切にしたいな、自分のすべてを大切だと思いたいと思っています。

「⑤どんなときでも自分を受け入れてくれる人がいますか」と問われると、「はい」です。私のベストフレンドは、きっとどんなときでも私を受け入れてくれると信じています。

「⑥自分はこの世の中でかけがえのない存在だと思いますか」は、もちろん「はい」です。理由などありません。私は唯一無二の存在だからです。

「⑦自分を心から愛してくれている人はいますか」と問われると、「はい」です。

「⑧自分が心から愛している人はいますか」と問われると、「はい」です。

「⑨自分自身に誇りをもっていますか」と問われると、やはり「はい」と答えます。おかしい、間違っている、と思ったことを黙っておれない性分なのです。そのために、これまで自分の人生のなかで、やっかいだ、目障りだ、うっとうしいと思われることもあったと思います。でも、私なりの「正義」を貫いてきたと思っています。

「⑩これからの人生でやりたいことがありますか。あるいは、いまやりたいことができていますか」と問われると、即座に「はい」と答えます。いま、こうして原稿を書いていることが、私のやりたいことのひとつです。

この一〇問は、「はい」が多い人が優れていて、「はい」が少ない人が劣っているとか、そういうことを測る評価表ではありません。一〇問ぜんぶ「はい」であった人は、いまのまま、これからも自身の人権を尊重しながら自分を育てていかれたらいいのです。

いまの時点で「はい」と答えることができなかった問いがある人は、その箇所が、これからのご自身の自分育ての課題であるととらえていただいたらよいのではないかと考えています。この問いが「はい」ではなかった。じゃあ、これからここのところを変えたら、いまよりももう少し生きやすくなるかもしれないととらえて、ひとつの参考にしていただけたらいいなと思っています。

何よりもお伝えしたいことは、人権尊重というのは、まず、自分のことを大切にしましょうということです。自分を大切に思えなくて、どうしてほかの人を大切にできるのだろうかと思うのです。自分のことを大切に思えなくて、どうして目の前の子どもたちの人権を尊重できるのだろうかと思っています。

いうまでもなく、目の前の子どもの人権を尊重することはとても重要なことです。でも、その前に、自分の人権を大切にしましょうよ、自分の育ち、自分が生きることを大切にしましょうとお伝えしたいです。

自分の人権を尊重する第一は、自分の育ちが大切であると認識することであると、確認しておきます。

⑶育つことの課題

次に、自分が「育つ」ためになすべき課題は何かといえば、第一課題は、一人ひとりが自分育ての〝主人公意識〟をもつことです。

もしかすると、読者のみなさんのなかに、別に産んでもらわなくてもよかった、あるいは、生まれてこなければよかったと思っている人がおられるかもしれません。そのように考えている人がおられたら、ここで一言。残念ながら出典がどうしても探し出せないのですが、女性の産婦人科医が書かれた著書？のなかで、「自分なんか産んでくれなければよかった」と悪態をついた高校生に対して、「お母さんがあなたを産んだのではなくて、あなたが生まれてきたいとがんばってお母さんのおなかからでてきたのよ」と反論されている一節があって、とても感動したことをいまでも覚えています。

いまは記憶に残っていないかもしれないけれど、一人ひとりが、自分が生まれたいと思って、自分の意志で生まれてきたのであれば、当然、自分の育ちの主人公は自分にほかなりません。

第二課題は、一人ひとりが自分は大切な存在であるという認識を定着させ、さらに、自分だけではなく、一人ひとりが大切な存在であるという観念を広げていくことが重要ではないかと考えています。でも、けっこうむずかしいのです。

第一章でみたように、日本の子どもたちのなかで、自分に自信があると答える子どもの比率が決して高くない状況について、なぜだろうかと考えたときに、そのひとつの要因は、日本の子どもたちは、「あなたは大切な子どもだよ」「あなたはかけがえのない子どもなのよ」「あなたの代わりなどいないのよ」「あなたは、私たち親にとってだけではなく、この地球全体にとってかけがえないの子どもなのよ」などと、あまり言ってもらえていないからではないかと気づきました。「あなたは大切な子どもだよ」と、学校の先生方からも言ってもらえていないからではないでしょうか。

このことは、いまの子どもだけではなくて、私たちおとなも、子どものころから「あなたは大切な子どもなのよ」と言ってもらうことなく育ってきたことと無関係ではないかもしれません。

みなさんは、子どものころから、どなたかから「あなたは大切な子だよ」「あなたはかけがえのない子どもなのよ」と言ってもらってきたでしょうか。

子どものころから、「あなたは大切な子どもだよ」という言葉をほとんどだれからもかけてもらってこなかったから、すでにおとなになっている自分のことを大切な存在だと思うことができていないのかもしれません。

自分のことを大切な存在だと思える経験をしていないから、目の前の子どもに対して、「あなたは大切な子どもだよ」と、心からそう思って声をかけることができないのかもしれません。

子どもが何かよくできたときに「よくできました」と褒めることを否定はしませんが、でも、もしかするとそれは、よくできなかったときは褒めない、あるいは何も言わないということでしょうか。

よくできたときだけではなく、たとえ結果がよくないときも、精いっぱいがんばっているときだけではなく、がんばっているようには見えないときも、笑っているときだけではなく、機嫌の悪そうに見えるときでも、「どんなときでも、あなたのことを応援しているよ」「あなたのことをずっと見守っているよ」「あなたが私の子どもでいてくれることが、私にとってはとても幸せなことなのだよ」とメッセージを送りつづける。そして、日々の子どもの育ちを実感したら、その感動を表現するというのはどうでしょうか。

私たち日本人は、「大好きだ」「愛している」「幸せだ」といった気持ちを言葉で伝えることにあまり慣れていないように思います。たとえどれだけ心の中で思っていても、言葉や態度で表現しなければ、伝わらないことが少なくないように思うのです。

フィリピン人の、私の大好きな友人は、かれの愛する妻や子どもたちにいつも「大好きだよ！」と声かけをして、頬やおでこにキスをしています。私にも「I love you, Fumiko-san!」と言いながらハグしてくれます。とても心地よい気持ちになります。もちろん、私も「I love you, ○○!」と返します。ほんとうにすてきな文化だと思っています。

実は、私のいちばん好きな言葉は「唯一無二」です。

あなたも私も、この世の中で唯一無二の存在だからです。

一人ひとりがかけがえのない存在であり、絶対的な存在だということです。

唯一無二である一人ひとりを比較することなど、ほんとうは、だれもできっこないのです。

丸ごとの人間の、何かひとつの指標を選んで、ということであれば、比較することはできます。一〇〇メートル競走をする、歌唱力を競う、野球のホームラン数を競う、将棋の勝敗を競う、などなど。

でも、ぜひとも押さえておくべきことは、いずれも丸ごとの人間のごく限られた指標についての評価であり、それぞれの技において勝者であるからといって、そのことがその人の丸ごとの価値を示すものではないということです。

要は、目の前の子ども、そして、パートナーも、大切な存在であると思っているなら、「大好きだよ」「愛しているよ」「大切に思っているよ」など、どのような表現でもいいから、その気持ちを言葉や態度で伝えるようにしませんか。

次に、育つことの第三課題は、一人ひとりがエンパワーできることです。

エンパワメントとは、だれもが生まれながらにもっている力を発揮できることであり、もし自分を窮屈にしているなんらかの殻や垣根があれば、それらを打ち破り、自分を解き放つことのできる可能性を意味します。

エンパワメントと一言でいっても、人間の能力を比較などできません。でも、一人ひとりが持って生まれた計り知れない可能性を、生きているかぎり、十分に発揮しきれたら、それが何よりの生きる証《あか》しではないかと思っています。

3 「共育」って？

では、どうしたら自分を大切であると思えるようになるのでしょうか。
そこで、育つことの第四課題は「共育」、すなわち「共に育つ」ことだと考えています。「おとなも子どもも支え合いながら、育ち合いしましょう」という意味です。

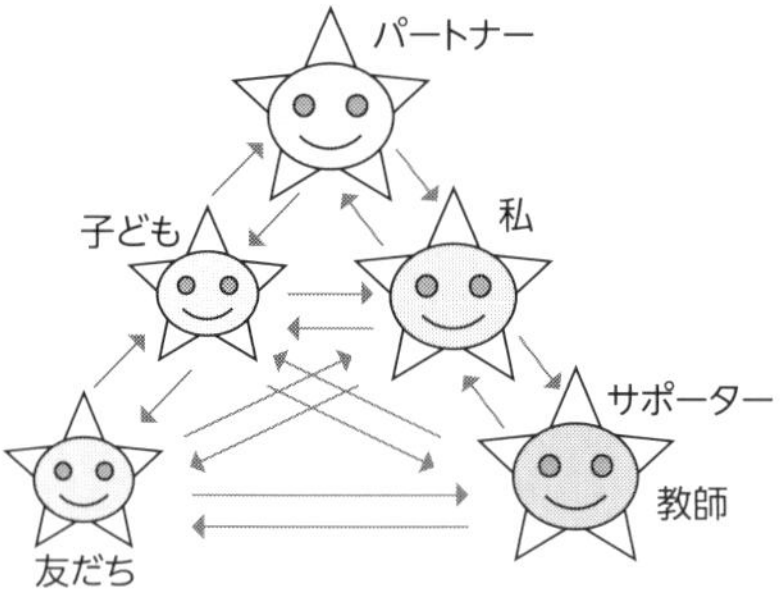

図表4-1
おとなも子どもも育ち合いのモデル図

図表４－１は、おとなと子どもが共に育ち合う様子を描いたものです。

図表４－１において、おとなである私に焦点をあてると、私はパートナーと支え合いながら育っています。また、子どもの育ちを支えながら、同時に、子どもから親として育つためのサポートを受けています。

私たちは、子どもの誕生によって親となります。しかし、目の前の子どもに親としてどのようにかかわればよいかという点については、日々、試行錯誤を繰り返しながら、目の前の子どもを観察しながら、目の前の子どもの欲求に応えようとしながら、少しずつ親として育っていくわけです。

子どもが誕生したときは、親は親歴〇年です。子どもが一歳になって、私の親歴は一年となります。この子はきょうはどうしてこんなに機嫌が悪いのとか、いまどうしてほしいのかなど、目の前の子どもをとおして、親として子どもの欲求に応えながら、子どもとの関係を築いていくことができます。子どもが一〇歳になったとき、私の親歴は一〇年となります。私は子どもの成長とともに、目の前の子どもから学びながら、親として育つことができそうです。このように考えると、親が偉くて、親が一方的に子どもを育てている、あるいは、子どもを教えているなんて、とてもおこがましいと思います。

さらに私は、子どもの担任の教師やサポーターさんと互いに支え合ったり、また、子どもの友だちとも支え合ったりすることもあるだろうと思っています。

実は、教師も同じことがいえます。担任することになった子ども一人ひとりとのかかわりをとおして、教師として子どもたちへのかかわり方を学ぶことができます。

教師の役割とは何かと考えたとき、ひと昔前ならいざ知らず、いまのような高度情報社会においては、教師が子どもたちに伝える知識などは、ネット検索したり、図書館へ行ったりして、独自に学ぶことができます。いまの時代に、教師として子どもたちにいろいろ教えてやらないといけないなどと考えているとしたら、時代錯誤だろうと思っています。

では、教師の役割とは何かと考えたときに、学ぶことのおもしろさを伝えたり、学び方のコツを伝えたり、子どもたちの学びへの好奇心を刺激したり、子どもたちがいろいろな疑問を自分で探求するように働きかけたりすることが重要ではないかと思っています。

でも、子どもたちの学びへの好奇心といっても、一人ひとりの子どもによって興味や関心は異なるはずです。そうであれば、教師は一人ひとりの子どもと向き合って、一人ひとりがどんなことに興味や関心をいだいているのかを、子どもをとおして学ぶ必要があるはずです。

もう一点、教師の役割を挙げるならば、教師という職業の魅力を子どもたちが実体験できて、教師として子どものロールモデルになれることではないかと考えています。

でも、教師がクラスの子ども一人ひとりとしっかりと支え合う関係を築こうとすれば、小学校一クラス三五人、中学校一クラス四〇人では、とても無理だろうと思います。

おとなも子どもも、年齢に関係なく、育ちを支え合う、育ち合うという対等な関係が、人権尊重の関係ではないだろうか、そして、このような共育のあり方が、互いの人権を尊重する関係であるといえるのではないかと考えています。

親だから、教師だから、子どもよりも偉いという意識をもって子どもたちにかかわろうとするところでは、子どもの人権がどうしても軽視されがちになるのではないでしょうか。

親であっても、教師であっても、おとなであっても、親はこうあるべきだとか、教師はこうあるべきだとか、肩肘張る必要はなくて、わからないことは目の前の子どもに聴けばいい、そのような姿勢で日々、子どもにかかわると、ずっと楽になるのではないかと考えています。当然ながら、子どもたちもとても楽になるに違いありません。

4　生活自立と生活実現

おとなも子どもも、共に育ちながら身につける能力を、ここでは「自立」の力と呼ぶことにしましょう。

そこで、「自立」とは何かということをお話しします。

自立というのは、時代によって違ってきたと解釈できます。

「自立」とは、だれにも頼らないで、公的な福祉制度も利用することなく、自分で自活できることであるなどと、狭く考える必要はありません。公的福祉サービスを利用しないで自力でがんばるという考えは、とても狭い自立観といえます。

私がいえることは、私たちはだれひとりとして、絶対にひとりでは生きてはいけないということです。ひとりでは生きていくことができないこの社会のなかで、人に頼らないで自分の力で生きていくなんて、だれも言えっこないのです。

むしろ、この二一世紀の時代、いろんな人とつながりながら、困ったときに助けてほしいと言える、そうしたら助けてくれる人がいるということが、自立の力ではないのかと私は考えています。実は、「助けてほしい」と人に頼むのは、とても勇気のいることです。ですから、「助けてほしい」と言えることは、人とのコミュニケーションのきっかけであって、自立の一要素であると私はとらえています。

困ったときに助けてほしいと言えば、お金を貸してくれる人がいる、知恵を貸してくれる人がいる、慰めてくれる人がいる、あるいは一緒に考えてくれる人がいる。それから、うれしいときには一緒に喜んでくれる人がいる、ご飯を食べにおいでと誘ってくれる人がいる。このように、自分が困っているときに自分のまわりに、力になるよ、応援するよと言ってくれる人がいることが、自立の力ではないのだろうかと考えてきました。公的サービスの所在を知っている、公的サービスの利用手続きをすることができるといったことも当然、自立の力です。自立の力としては、だれか困っている人がいたら、私でよければ相談に乗るよ、話なら聞くよ、協力できることがあるよ、と声かけができる、そのような支え手になれることも、とても重要であると考えてきました。

図表4－2は、もうずいぶんと以前に構想した「生活実現と生活自立」のモデル図です（神原 1991）。

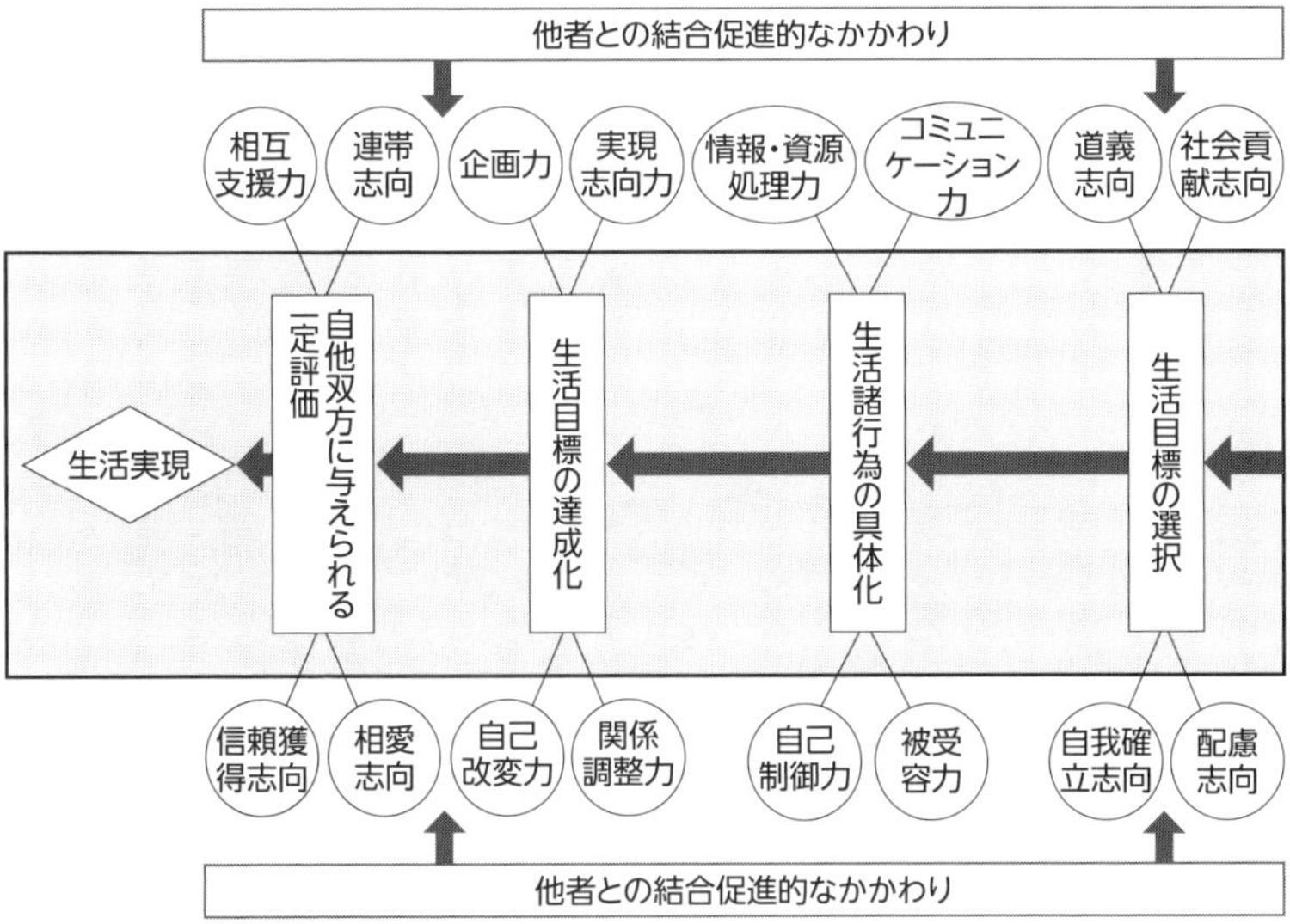

注　○は自立の構成要素を意味する

図表4-2　生活実現と生活自立のモデル図

まず、「生活実現」というのは私の造語ですが、「生活実現とは、生活者が、生きることを〈究極〉の目標として、さまざまな他者とかかわりながら、きょうを生きることに喜びを見いだすことができること」と定義しています。そして、「生活自立とは、私と社会とのかかわりや私と他者とのかかわりをとおして、私の生活実現を達成することのできる可能性の度合い」であり、誤解を恐れずにいうと、「生活実現」するための手段であるととらえています。

ここでは、図表4－2について詳しくお話しすることはいたしません。詳しくお知りになりたい方は、私の著書を読んでいただければと思います。

とりわけ重要な自立の要素についてだけご紹介しましょう。

まず、図中の「自己改変力」とは、ほかの動物と違って人間だけは、その時々に自分で自分を変えることができるのであって、実際に自分を変えようとする意思やエネルギーを意味します。年齢は関係ありません。思いたったときに自分で、自分の個性にせよ、ライフスタイルにせよ、自分で変えることができるのです。思いどおりにいかないかもしれませんが、なりたい自分に自分を変えようとチャレンジする価値はあると思っています。

次に、「信頼獲得志向性」とは、他者の生き方に積極的にかかわり、他者の生き方を理解し、尊重し、その結果として他者から正当な評価を得ることができるチャンスであるととらえています。承認欲求が満たされるということかもしれません。

もうひとつは「相愛志向性」です。愛し合うことを生きる喜びとしたい、他者と愛し合いたいという意欲、さらに他者と愛し合うことのできるチャンスととらえています。

自立とは何かということを突き詰めていくと、少々気恥ずかしい思いがしますが、無条件に「愛し、愛される」ことを自らの喜びとできることが、自立のきわめて重要な要素ではないかと考えています。

愛するということは、先天的な本能ではありません。私たちは、たくさん愛されながら育つことで、人を愛することができるようになっていきます。「愛する」ということは、他者の育ちを支える原動力ではないかと考えています。同時に、「愛される」実感は、生きたいと思う原動力になります。そう考えると、「相愛志向性」は、まさに互いに支え合って育ち合って生きたいという意思であり、エネルギーなのです。

5　自己制御力

育つことの五番目の課題について検討しているときに、自他の尊厳を傷つけることへの抑止力になりうるものが「自己制御力」であり、これを身につけることが課題であるというアイデアにたどり着きました。

ところで、図表4―2のなかに、自立の一要素として自己制御力を入れています。育つことの第五課題が、ずいぶんと以前に描いた自立モデルのなかの自己制御力と同じになったことに気づいたときは、自分ながらとても感動しました。

子どもからおとなへと育つ過程で、自分自身がどのような能力を身につける必要があるのだろうかという問いは、見方を変えれば、親や指導者となったときに、子どもたちがどのような能力を身につけるように導く必要があるのだろうかという問いと連動します。

自己制御力とは、時と場所と機会に応じて、自分で自分の行動を制御することのできる能力を指します。それは自立の要素でもあります。

この点を確認したうえで、自己制御力を身につけるという課題として、「他人の尊厳を傷つけることは恥ずかしい」「自分の尊厳を傷つけることは恥ずかしい」というフレーズを思いつきました。

かつてルース・ベネディクトは、『菊と刀』において「罪の文化では、自律的に内面の良心を重視」し、「恥の文化では、他律的に世間や外聞を重視」するというとらえ方をしました。しかし、正直なところ、ルース・ベネディクトによる「恥の文化」の解釈にずっと違和感をいだいてきました。

個人的には、日本か西洋かという区分に関係なく、自らの人権尊重という価値観をよりどころとするならば、自らの尊厳を傷つけることは自分の存在を否定することであり、そのことが恥ずべきことなのだという新たな観念、新たな「恥の文化」を主張する必要があるのではないかと思ってきました。

「他人の尊厳を傷つけることは恥ずかしい」「自分の尊厳を傷つけることは恥ずかしい」という恥の意識が、自己制御の働きをするようになること。これが、だれにとっても育ちの証しであるといえる世の中は、ギスギス、セコセコすることなく、とても成熟した落ち着いた社会なのではないかと想像しています。

でも、実際のところ、私たちは、どういう行為を恥ずかしい行為であると意識して、自らの行動をセーブしているでしょうか。

そこで、またみなさんに質問です。みなさんが恥ずかしいと思うことはどんなことですか。こういうことをすると恥ずかしいと思うのは、どういったことがらでしょうか。

これまで長年、大学の授業や研修の講師をさせていただいたときにこの質問をしてきたのですが、自分から手を挙げて発言してくださる方はまずおられませんでした。

そこで、マイクを持って、座っておられる近くまで行って、ランダムに「どうですか」と尋ねることにしました。あるいは、授業であれば、どこかの列のいちばん後ろまで行って、そこに座っている学生にマイクを渡して、「後ろから前へ順番に答えてくれませんか。思いつかなければ、パスもありです」と頼んで、答えてもらってきました。

正確にデータをとってきたわけではありませんが、いちばん多かった回答は「人前で話をすることが恥ずかしい」ということでした。それから、「失敗するのが恥ずかしい」や「間違うのが恥ずかしい」という回答も多くありました。

だいぶ以前に、神戸市内のある小学校に研修で行かせていただいたときに、先生方のなかで、恥ずかしいと思うことについていちばん多かった回答は「間違うこと」でした。

私は、正直、「えっ?」とびっくりしました。

教室で答えを間違うことは、たしかに恥ずかしいと思います。しかも、答えを間違ったときにクラスメートに笑われたら、その恥ずかしさはさらに強まるだろうということは容易に想像がつきます。答えを間違って、自分では恥ずかしいと思っても、クラスメートが笑うようなことがなければ、間違ったことをだれも気にすることなく、そのまま収まるはずです。でも、教室のなかで、答えを間違ったことに対して笑い声が起こったり、「こんな問題も解けないの?」といった蔑《さげす》みのようなまなざしを向けられたりすると、それはつらいことです。

もし教師が答えを間違うことは恥ずかしいという意識をもっていて、答えを間違った子どもが教室で笑われるような状況を放置しているとすれば、答えを間違って笑われるくらいなら、答えがわかっていても、もう答えないでおこう、と子どもたちが思っても不思議ではありません。

でも、学校での学びのなかでも、算数のように正解がたったひとつだけという学びもありますが、国語の文章の解釈などは、正解がひとつとは限りません。なかには、公民の授業で選挙制度のあり方を学ぶ際のように、どれが正解かを決めることはできないような問題について考える学びもあります。

にもかかわらず、教室のなかに、間違った答えを言ったり、ほかの人がおかしいと思うようなことを言ったりすると笑われるかもしれないという雰囲気があれば、そして、だれかが答えを間違ったときにまわりのクラスメートが笑うことが放置されておれば、子どもたちは何も答えないでおこうとなってしまいます。

だれかが間違ったときに、そのことを笑う人がいたら、笑う人こそが問題なのではないでしょうか。だれしも答えを間違うことはあるでしょう。間違った人を笑うことこそ恥ずべき行為であると、先生方には毅然《きぜん》とした対応をお願いしたいと思っています。

私の個人的な意見ですが、学校というのは、たくさん間違うところ、安心して間違うことができる場所で、間違いから学んでいく場所であると考えています。と同時に、一人ひとりの意見が尊重される場でなければならないと考えています。

日本中の学校で、間違うことは恥ずかしいことではない、そして、どんな意見も尊重することが重要であるという価値観が広がることを期待したいです。そのためには、まず教員の方々一人ひとりが、「間違うことは恥ずかしいことではない」「間違った答えを言った人を笑うことこそ、恥ずべきことである」という価値観を身につけていただきたいし、子どもたちに広めていただきたいと思っています。

たとえば、算数の問題で答えを間違えた児童がいた場合、その児童がどうして答えを間違えたのか、クラスみんなで考えようと働きかけて、どうして間違えたかがわかれば、その児童にとって大きな学びになるだけではなく、ほかの児童にとっても大きな学びになるはずです。

恥ずかしく思うことを私なりに分類しています。

①目立つことをするのは恥ずかしい

たとえば、電車のなかで妊婦さんを見かけて、「席を替わりましょう」と声をかけることができますか。もしかすると席を替わったほうがいいのかなと思いながら、なかなか実行できないとすれば、なぜでしょうか。いい格好をしていると思われたくないから？　声をかけて断られると嫌だから？　あるいは、自分に対する自信のなさ？の現れでしょうか。いずれにせよ、目立つことをして自分に視線が集中するのは恥ずかしいという気持ちですね。

②失敗するのは恥ずかしい

私の経験では、授業が始まって教壇に上がろうとしたときに、つまずいて、前のめりになってしまったことがあります。ドッと笑いが起きました。そそっかしさ、おっちょこちょい、不注意などによって失敗するのは恥ずかしいです。でも、ほかの人には迷惑をかけません。失敗がその場を和ませてくれることもあります。

実は、入稿前に私の原稿を読んでくれた友人が、次のような書き込みをしてくれました。「失敗すること、わからないこと、知らないことは、恥ずかしいことではない。知らないのに知っているふりをしたり、失敗をおそれて新しいことに挑戦しなかったりするほうが恥ずかしい、と個人的には思っています」と。いいですね！

③情けない自分が恥ずかしい

自分はこうありたいと思っているのにできないときがありますね。ふがいない自分を恥ずかしく思うのは、自らの向上心の裏返しであり、次への原動力になりそうです。

次からが、自己制御力が問われるケースです。

④マナー違反は恥ずかしい

たばこの吸い殻やゴミのポイ捨て、電車の車内で大きな声でしゃべったり、大声で笑ったりしている人びと、などなど。他者が不快に思う行為をすることは恥ずかしいという意識をしっかりともちたいものです。

⑤悪気はなくとも、人を傷つけるのは恥ずかしい

多くのいじめ行為がここに入りそうです。なぜそんなことをしたのかと問われて、「おもしろそうだから、やった」という答えが返ってくるような場合です。では、おもしろければ何をしてもよいのか、そんなわけはないはずです。少なくとも、だれであれ、自分が他者からされて嫌なことは他者にはしないという行動基準を明確にする必要がありますね。

⑥自分の尊厳を傷つけることは恥ずかしい

カンニング、盗作、データの改ざん、などなど。自分の尊厳を下げる行為だから恥ずかしくてできないという意識を培うことが課題ですが、何よりも自分の尊厳を自覚することが課題であるといえるでしょう。見つからなければよいということではなく、本人は見つからなくて得したと思っているかもしれませんが、お天道様は見てますよ、ということですね。

⑦人として許されないことをするのは恥ずかしい

他人の生命や財産を侵害する行為は、他人の人権を侵害することであって、人として絶対にしてはならないことです。と同時に、他人の人権を侵害することは自らの尊厳を下げることであって、何よりも恥ずべきことだという意識を培うことが重要であることはいうまでもありません。

この①については、「目立ちたくないから何も言わないでおこう」「人前で発言するのは恥ずかしいから黙っておこう」という考えが通用し、大目に見てもらえるのは、日本国内だけではないかと思っています。「人前で発言するのは恥ずかしい」という文化を、そろそろ学校現場から変えていってほしいと願っています。人前で発言することは、時には勇気が必要です。その勇気をみんなで称《たた》えるのはどうでしょうか。②については、まわりから「ドンマイ（Don't mind)、ドンマイ」と声がけしたいですね。③については、成長の証《あか》しであると、思いを受け止めたいです。

そして、④⑤⑦は、他人を傷つけることは人として恥ずべきことであり、何よりも自分の尊厳を下げることだから恥ずべきことであるということを、子どもたちがおとなになるまでに身につけてほしいと願っています。

おとなであるみなさんに、子どもたちのロールモデルになっていただきたいと願っています。

第5章　子どもたちに伝えたい——ジェンダー平等って何？

1　ジェンダー平等って何？

内閣府男女共同参画室の『みんなで目指す！　ＳＤＧｓ×ジェンダー平等』の冊子を読んでみました。そのなかでは、「ジェンダー平等」とは「性別に関わらず、平等に責任や権利や機会を分かちあい、あらゆる物事を一緒に決めてゆくことを意味します」と解説されています。

また、「男性と女性は身体のつくりは違っていても平等」とも書かれているのですが、「はて？」、具体的にどのように理解すればよいのでしょうか。

まず、「ジェンダー」という用語について確認しておきましょう。

「セックス sex」は、生物学的な性の違いを意味します。対して「ジェンダー gender」は、社会的・文化的につくられた性の違いを意味します。

でも、「社会的・文化的につくられた性の違い」と言われても、わかったようでわかりにくいですよね。

みなさんがイメージする「男らしさ」とはどのような特徴でしょうか。強くて、たくましくて、勇気がある、でしょうか。では、「女らしさ」とはどのような特徴でしょうか。やさしくて、愛嬌《あいきょう》があって、面倒見がよくて、でしょうか。

仮に、これらが〝男らしさ〟や〝女らしさ〟であるとしても、これらの特徴は、長い歴史のなかで普遍的な特徴であったわけでなく、また、今日の世界で共通の特徴でもなくて、いまの日本社会において比較的多くの人びとが当たり前として受け入れている特徴にすぎないということです。いいかえれば、「男らしさ」「女らしさ」の特徴は、普遍的なものではなく、時代や社会によって異なるし、変化もするので、男とはこのような特徴をもつことが望ましい、女とはこのような特徴をもつことが望ましい、といったことは決められないのです。

「社会的・文化的につくられた性の違い」という点を押さえたうえで、問題にしなければならないことは、「社会的・文化的につくられた」男性と女性のジェンダー的特徴が、男性と女性の不平等な関係を反映してつくられてきてしまったという点です。たとえば、〝男は強くて女は弱い〟や〝男は女よりも優れている〟といったジェンダー的特徴は、ジェンダー不平等を反映した典型例といえます。ジェンダー不平等な関係のあり方も普遍ではなく、社会や文化の違いによって異なるし、さらに、政治的につくられてきたといっても過言ではありません。

そこで、強調したいのは、ジェンダー不平等な関係やしくみが「社会的・文化的に」つくられてきたのであれば、ジェンダー不平等からジェンダー平等へと社会的・文化的に変えることができるということです！

ここで、ジェンダー平等の条件を列挙しましょう。

第一に、男性と女性の身体的特徴の違いを尊重することです。身体的特徴の違いによって、差別や不利益を被ってはならないということでもあります。たとえば、男性と女性とは生殖機能が異なっていて、女性が妊娠し、出産し、乳児に授乳することになると、その期間は男性と同じだけの仕事をすることはできません。だからといって、妊娠、出産、授乳のために仕事を休む可能性があることを理由に、女性の雇用が制限されたり、重要な仕事を任されなかったりしてはならないのです。

個人的な意見ですが、妊娠後期から出産、授乳の期間は、当然、就労はできませんが、でも、その期間は女性は新しい生命を育《はぐく》んでいるのです。誕生する子どもが社会の子どもであるととらえるならば、その女性が就労できない分は、国家が、女性に対する収入保障だけではなく、職場に対する人的保障もすべきであると考えます。職場に対する人的保障がなされれば、事業所の規模にかかわりなく、妊娠した女性たちが、職場に気兼ねすることなく、産休・育休を取得することができるようになるはずです。男性の育休取得も同じです。

第二に、男性か女性かの違いによって、人生の選択に差を生じさせてはならないということです。男として生まれるか、女として生まれるかによって、育てられ方に差をつけてはいけないということです。受ける教育、職業選択、社会参加、嗜好《しこう》などにおいて、性の違いによって制限を加えられることがあってはいけないのです。子どものおもちゃなど、男の子向き、女の子向きと分ける必要があるのだろうかと思っています。制服でも、男子はズボン、女子はスカートと決めつける必要があるのだろうかと思っています。

性別にかかわりなく、一人ひとりの子どもが、その子どもらしく育つことを応援したいと思っています。また、どのような職種であっても、女性だからといって不向きであるなどとはいえないはずです。当初は男性に限定されていたパイロット、航海士、消防士、南極越冬隊員などにも女性が採用されています。逆に、いまでも男性が就くことのできない職業は助産師です。でも、なぜでしょう。男性医師が産婦人科医になれるのに。

また、いまもなお、保育士をめざす男子学生の実習を断ったり、男性保育士の就職を断ったりする園があるそうです。保育は〝女性の役割〟という思い込みが根強く残っている現れであるといえそうです。

第三に、男性か女性かの違いによって優劣や上下をつけたり、一方に不利益をもたらしたりしてはならないということです。女性がトップの地位に就いてもなんら問題はないはずです。すでに多くの国で大統領や首相の地位に女性が就いています。企業のトップに女性が就いている比率は、日本ではいまだ一〇%にも達していませんが、すでに三〇%以上が女性であるという国も増えてきています。

また、男性だからといって重たい荷物を持たなくてよいのです。日本や韓国のように、男性だからといって長時間労働する必要はないはずです。

第四に、社会的・文化的につくられてきたジェンダーの特性を、いずれの性にも強要してはならないということです。男は〝男らしく〟、女は〝女らしく〟を強要してはならないのです。また、〝男らしくない〟男、〝女らしくない〟女を非難したり、中傷したりすることは許されません。当然、性的マイノリティの人びとを丸ごと尊重することもジェンダー平等に含まれます。

2 ジェンダー・ギャップ指数でみる日本の位置

ここで、ジェンダー平等に関するデータを紹介しましょう。

スイスの非営利団体「世界経済フォーラム」が毎年、ジェンダー・ギャップ指数(GGI)を公表しています。[*1] その指数は、経済参加と機会、教育達成、健康と生存、そして政治的エンパワメントの四部門で測定されますが、二〇二四年時点で日本は、世界一四六カ国中一一八位と、とても低いのです。

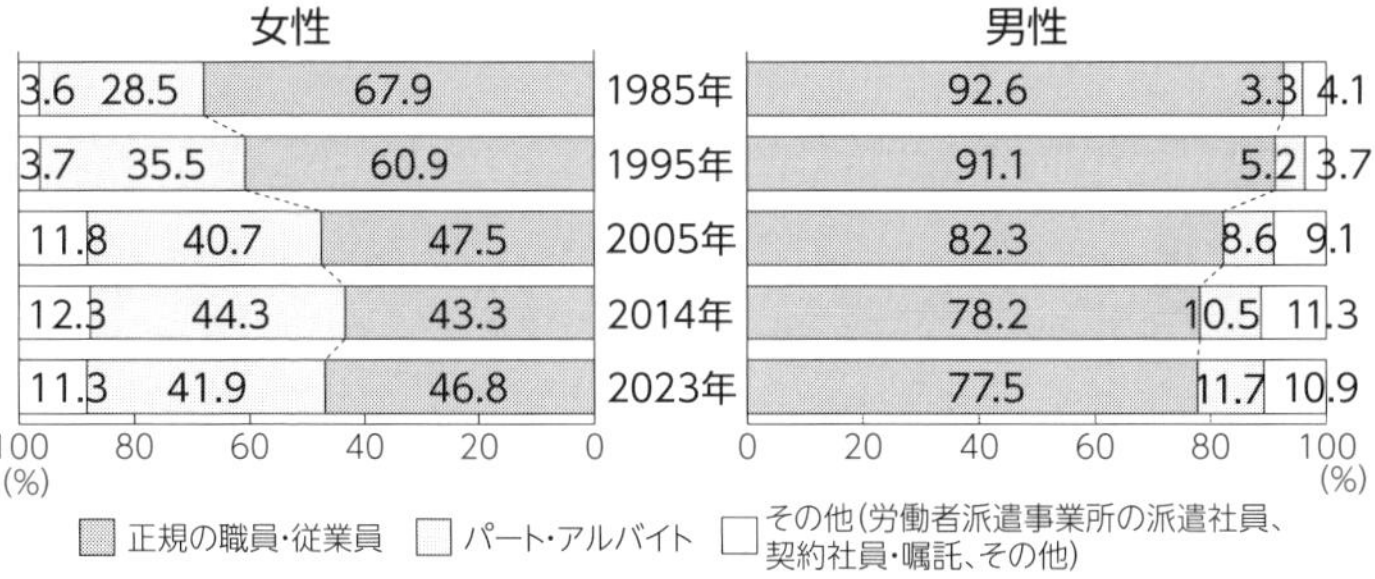

『平成27年版男女共同参画白書』より。2023年の数値は労働力調査2023年平均から追加

図表5-1　雇用者（役員を除く）の雇用形態別構成割合の推移（男女別）

経済参加と機会は、全体の一二〇位です。労働力参加率は、女性は男性の〇・七六八で八〇位、類似の労働に対する賃金は〇・六一九で八三位、推定稼得所得は〇・五八三で九八位、立法者・政府高官・管理職は〇・一七一で一三〇位です。

経済参加と機会のジェンダー不平等について、少し解説を補足しましょう。

図表５−１は、一九八五年から二〇二三年までの雇用者の雇用形態別構成割合の推移を男女別で示したものです。

図表５−１によると、男女ともに、時代が新しくなるほど正規雇用の比率が減っていることがわかります。しかし、男性以上に女性において雇用者に占める正規雇用の比率が大きく減少し、二〇〇五年以降、非正規雇用の比率が正規雇用の比率よりも高くなっていることがわかります。そして、日本では、同様の職種であっても賃金については正規雇用と比べて非正規雇用のほうが極端に低いことから、

図表 5-2　日本のジェンダー・ギャップ指数（GGI）2024年

グローバル・ジェンダー・ギャップ指数	順位	スコア
経済参加と機会	**120**	**0.568**
労働力率 %	80	0.768
類似の労働に対する賃金平均 1-7（最高）	83	0.619
推定稼得所得 $1,000	98	0.583
立法者・高官・管理職 %	130	0.171
専門的および技術的な労働者 %	−	−
教育達成	**72**	**0.993**
識字率 %	1	1.000
初等教育就学率 %	−	−
中等教育就学率 %	1	1.000
高等教育就学率 %	107	0.969
健康と生存	**58**	**0.973**
出生時の性比 %	1	0.944
健康寿命 年	68	1.039
政治的エンパワメント	**113**	**0.118**
議会の女性割合 %	129	0.115
閣僚の女性割合 %	65	0.333
女性／男性の国家元首在籍年数（過去 50 年）	80	0

World Economic Forum *Global Gender Gap Report 2024* より

男性と女性の平均賃金の差は一向に縮まりそうにありません。

教育達成は七二位です。識字率の男女比はなしで一位、中等教育就学率の男女比もなしで一位です。しかし、高等教育就学率は〇・九六九（二〇二〇年の大学進学率は男子五七・七%、女子五〇・九%[*2]）で一〇七位と低くなっています。ちなみに、日本では、高等教育進学率については、これまでずっと男性のほうが女性よりも高く、さほど問題にされることがありませんでした。

でも、諸外国では、一部の国を除いて、男性よりも女性のほうが高等教育進学率は高い傾向にあります。女性たちが高等教育を受けて、専門職、技術職に就き、やがて管理職にも就くことによって、ジェンダー平等を推し進めてきた側面があるといえます。

健康と生存は五八位です。内訳は、出生時の性比は、女児一〇〇に対して男児一〇四・七と差が最低になっており、一位です。健康寿命年では、男性七二・七年、女性七五・四年で、第六八位です。

政治的エンパワメントは一一三位です。国会議員の男女比は二〇二四年時点で、衆議院議員に占める女性割合は一一・〇％、参議院議員に占める女性割合は二五・四％で、一二九位です。なお、二〇二四年一〇月実施の衆議院総選挙の結果、女性割合は一五・七％となりました。岸田内閣では閣僚一九人中、女性は五人で二六・三％であり、六五位です。ただし、石破内閣になって、閣僚一九人中、女性は二人で一〇・五％と大きく後退しました。さらに、日本は過去五〇年間（半世紀！）に、女性はひとりも国家元首になっていません。個人的には、女性でありさえすればよいとも思ってはいませんが。

3　現行の婚姻制度

今度は、より身近なところに視点を移して、夫と妻のジェンダー平等についてみてみましょう。

はじめに確認です。日本国憲法第二四条では、「婚姻は、両性の合意のみに基いて成立し、夫婦が同等の権利を有することを基本として、相互の協力により、維持されなければならない」と明記されています。

少々くどいようですが、第二四条では、結婚したら男性は稼いで妻や子どもを扶養しなければならないとは書かれていません。同様に、結婚したら女性は夫に養ってもらうのが当たり前とも書かれていません。「相互の協力により、維持されなければならない」と明記されているのです。

たとえば、鈴木A男さんと佐藤B子さんが結婚することになりました。日本の場合、役所に婚姻届を提出して受理されて、はじめて法的な夫と妻になります。

役所に婚姻届を提出して、新しい戸籍が作られるのですが（「入籍」ではありません！）、戸籍筆頭者を夫にするか、妻にするかを決める必要があります。原則的には、どちらが戸籍筆頭者になってもよいので、形式的にはジェンダー平等です。戸籍筆頭者の姓が、ふたりの姓となります。

残念ながら、日本はいまなお法律上、選択的夫婦別姓を認めていませんから、婚姻届を提出する二人がどちらかの姓に決めたくないと主張すれば、婚姻届は受理されません。

これまでのところ、法律婚の約九五％のカップルにおいて夫が戸籍筆頭者になって、鈴木A男さんはそのままの姓で、佐藤B子さんが鈴木B子に改姓してきました。これって、ジェンダー平等とはいえないですよね。夫の姓か妻の姓かが半分半分になって、ジェンダー平等であるといえるはずです。

住民票の世帯主も夫である男性であって、家族の代表ということになっています。戸籍筆頭者も世帯主もほとんど夫という関係は、ジェンダー平等とはいいがたいです。

でも、もしかすると、みなさんのなかには、結婚して夫の姓を名乗ることで、何か問題があるのかと疑問をいだく人がおられるかもしれません。

実際のところ、姓が変わるということは、それに伴って、いろいろな公文書などの名前を変える必要があります。まず、印鑑を変える、マイナンバーカードを作り替える、運転免許証を書き替える、健康保険証の名義を変える、預貯金などのカード、通帳の名義を変える、パスポートの名前を変える、生命保険証などの名義を変える、などなど。

しかも、手続きをする機関がそれぞれ異なっていて、平日に手続きをしに行かなければならないところも少なくありません。働いていると、なかなか休みをとって手続きに行けません。また、仕事関連の名刺も新たに作成する必要があります。

さらに、のちに離婚することになって、姓を元に戻そうとすると、また、同じ手続きをしなければならないのです。

選択的夫婦別姓が法的に認められていないために、婚姻によって姓を変える側（その大半が女性です）がこのような不便を担わなければならないというのは、なんといっても理不尽だと思っています。また、研究者などであれば、婚姻前に発表した論文と、婚姻後に姓が変わって発表した論文とが同一の研究者によるものとみなされないかもしれないという不都合も起こりえます。

ちなみに、選択的夫婦別姓制度に変更しようとすると、戸籍制度を見直す必要があります。戸籍制度は伝統的な家制度にもとづいているので、保守系の人びとが絶対に家制度を守りたいがために、頑として選択的夫婦別姓制度に反対しているのだと私は考えています。

4　日本における長時間労働と低賃金

B子さんは、結婚後も働いていましたが、妊娠あるいは出産をきっかけに退職して、無職の専業主婦となり、夫であるA男さんの扶養家族になりました。こういうケースが、日本ではまだまだ多いのが現状です。第一子を出産した女性たちの約半数は無職になっています。余計なことですが、「主婦」というのは職業ではありません。

でも、なぜ日本では、女性たちの約半数もが第一子の出産までに退職して無職になっているのでしょうか。さまざまな要因が影響しているのですが、大きな要因のひとつが、日本における正規雇用者の長時間労働です。

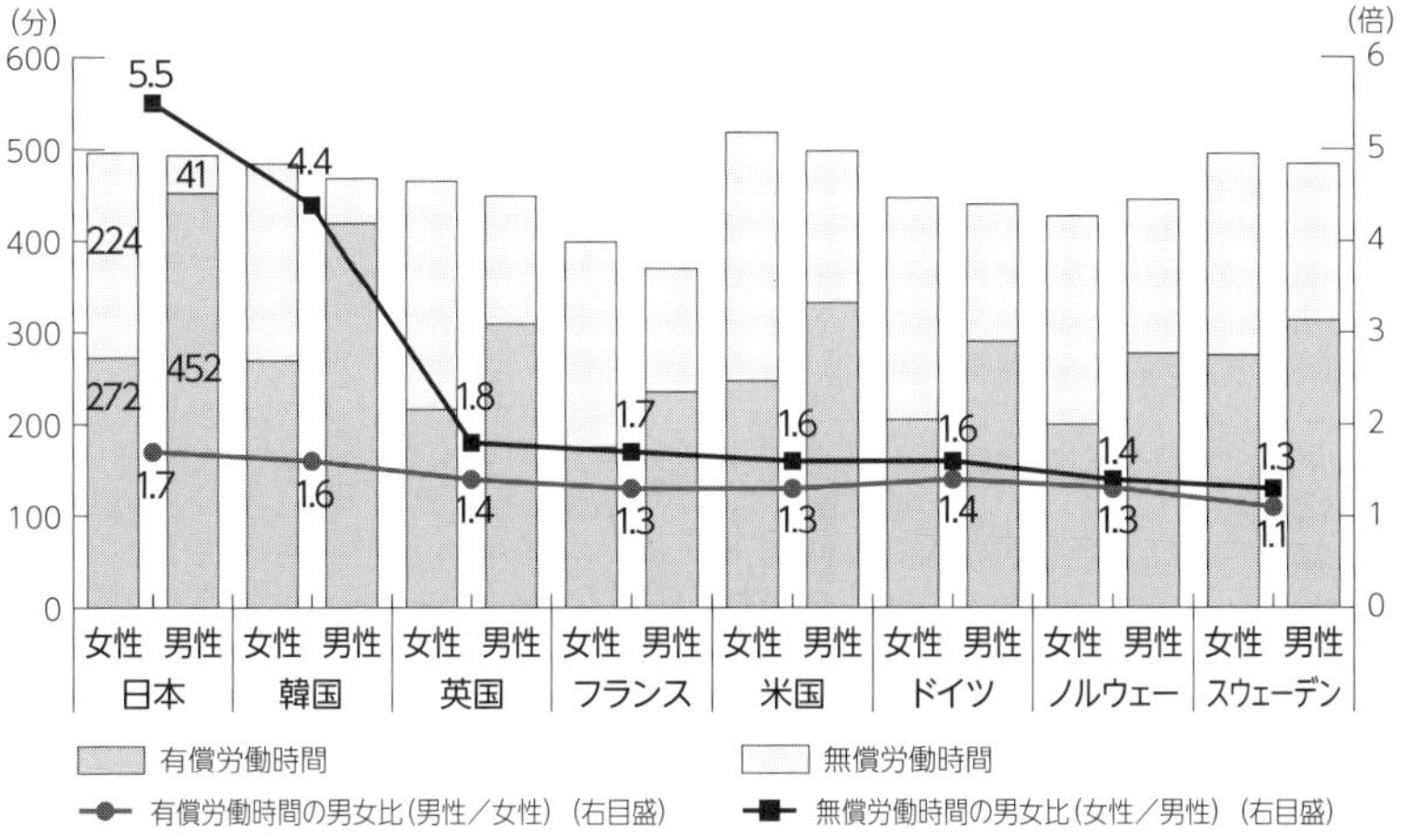

『令和5年版男女共同参画白書』より

図表5-3　男女別に見た生活時間（週全体平均）（1日当たり、国際比較）

図表５－３は男女別にみた生活時間の国際比較です。

欧米の国々のように、男女とも正規雇用であっても、長時間働く必要はなくて、残業もほとんどなしで、毎日、定時に仕事を終えることができるのであれば、夫と妻のどちらかが帰宅前に子どもを保育所へ迎えに行って、帰宅してから、夫と妻が協力して、子どもの世話をしながら家事もおこなうことができます。

欧米の国々と比べると、日本と韓国の男性の有償労働時間の長さが際立っています。その分、無償労働時間が短くなっています。長時間労働が当たり前の日本や韓国の場合、帰宅してから家事や育児をおこなう時間をとれないのは、いうなれば、当然です。結果的に、多くの場合、妻のほうが退職するか、時短勤務に変わるか、パートタイマーに変わるかなどの対応を余儀なくされることになります。

結婚して、夫も妻も長時間労働をしていて、子どもを出産したらどうするか。もちろん、女性が産前産後休暇を取得し、その後、育児休業を取得することは、建前上は可能です。しかし、実際のところ、それまでに退職している女性たちが少なくありません。女性自身がすすんで妊娠・出産退職をする場合もあるでしょう。しかし、日本では、圧倒的に多くの雇用者が中小零細企業で働いていて、中小零細企業のなかには、そもそも従業員の女性が育児休業どころか、産前産後休暇を取得することさえむずかしい職場が少なくないのが実態です。また、育児休業が終わったあと、夫も妻も長時間で働きつづけることができるかというと、保育所だけではなく、親族などのサポートを得られるなら可能かもしれませんが、サポートを得ることがむずかしければ、妻のほうが時短勤務になったり退職したりして、家事と育児を引き受けざるをえない場合が少なくありません。

日本でも、韓国でも、正規雇用者——その多くが男性ですが——の長時間労働の慣行が大きく是正されないかぎり、結婚後に夫と妻とが、収入を得ることと、家事・育児とを協力・分担し合うことはむずかしいといわざるをえません。

図表5－3の英国、フランス、米国、ドイツ、ノルウェー、スウェーデンは、日本や韓国のように、一週間に何十時間も残業していません。残業しないことがよい働き方であることは確

かです。

だいぶ以前にツアーでドイツに行ったときに、見学先の木工工場で聴いた話ですが、通常、四時半になったら一斉に機械が止まるのです。片付けをして、五時になったら電源をぜんぶ落として一斉に帰るとのことでした。夏場だったのですが、金曜日で、午後三時には仕事を終わって、その後、家族で出かけるのだそうです。夕方、街には家族連れやカップルがあふれていました。

旅行者として行って、そのような光景を目の当たりにしたときは、何かとても人間らしい生活に思えました。働く時間が短く、残業をしない国々で労働生産性が落ちているかといえば、そんなことはありません。何よりも、日本よりはるかに時給が高いのです。

先進国の最低賃金を調べて、びっくりしました。

オーストラリアは、二四・一〇豪ドル（二五一四円）（二〇二四年七月一日）で、日本の最低賃金の倍以上なのです。フランスは一一・八八ユーロ（一九六九円）（二〇二四年一一月一日）、英国は一〇・四二ポンド（二〇三二円）（二〇二四年四月一日）、ドイツは一二・四一ユーロ（一九五〇円）（二〇二四年一月一日）、米国ニューヨークは一六・〇〇ドル（二二六九円）（二〇二四年一月一日）、カナダのブリティッシュコロンビア州は一七・四〇ドル（二七一一円）（二〇二四年六月一日）、韓国九八六〇ウォン（一〇七三円）（二〇二四年一月一日）、日本一〇五五円（二〇二四年一一月一日）です。Ｇ７の国々のなかで日本の最低賃金の低さが際立っています。

私は、男女共同参画の問題というのは男性の問題だと考えています。男性たちが、もちろん女性たちも一緒に、それぞれの職場で「みんな、残業をやめよう！　時間内に仕事を終わろう！　がんばっても仕事が終わらなければ、増員を要求しよう！」と、一斉に声を上げる必要があるのではないかと思っています。

男性たちのなかには、家族のためを思って、少しでも収入を増やそうと残業しているという人も少なくないかもしれません。もちろん、収入を増やすことは重要なことですが、どうして男性だけでがんばろうとするのかと疑問に思っています。

また、家族のためという場合、収入が増えることは重要ですが、家族と過ごす時間を確保すること、あるいは自分のプライベートな時間を確保することは、収入を増やすことに劣らず重要なことではないでしょうか。こう考えているのは私だけでしょうか。

先日、ある民間企業で企業内のジェンダー平等推進にとりくんでいる管理職の女性と話をする機会がありました。そこで、男性従業員が定時に仕事を終えて帰宅して、平日に家族そろって食卓を囲むことがなぜできないのかと尋ねたのですが、「定時に帰っていては、仕事が回りません」と一蹴されてしまいました。「はて？」ですね。

日本で男性の働く時間が短くならないかぎり、ジェンダー平等を実現するのはとてもむずかしいと思っています。

日本の男女共同参画政策のなかで、男性の育児休業の取得率を上げることが課題として掲げられています。もちろん、男性が育児休業を取得することはとても重要なことには違いありません。しかし、より重要なことは、一日あたりの労働時間をもっと短くすることのはずです。というのは、男性の育児休業の取得は、子どもがせいぜい二人であるとすると、男性ひとりにつき約一カ月ずつ育児休業を取得しても、生涯の労働時間のなかでは、はっきりいって、たいしたことないわけです。より重要なことは、男性が日々、働く妻と家事・育児を分担できる時間をどれだけ確保できるかということです。そのためには、たとえば週あたりの残業時間をせいぜい五時間程度に制限するくらいの大改革が、絶対に必要です。

男性の労働時間が大幅に短縮されるということは、一緒に働く正規雇用の女性たちの労働時間も短縮されるということであって、そうなれば、結婚、出産しても正規雇用で働きつづけることのできる女性たちがもっと増加するに違いないと考えています。

なぜ労働時間の短縮ができないのでしょうか。ここにも低賃金が関係していて、残業代を稼がないと〝人並みの〟生活を維持することがむずかしいことも一要因といえるでしょう。

5　〝三歳児神話〟の呪縛

ところで、日本では、「子どもが小さいうちは、母親は子育てに専念するほうがよい」といった考え方が今日なお社会全体で根強いことも、女性の就労継続に影響していると考えられます。このような考え方は科学的根拠がないことから、私たち研究者は〝三歳児神話〟と呼んでいます。

実は、『平成一〇年版厚生白書』には、「母親が育児に専念することは歴史的に見て普遍的なものでもないし、たいていの育児は父親（男性）によっても遂行可能である。また、母親と子どもの過度の密着はむしろ弊害を生んでいる、との指摘も強い。欧米の研究でも、母子関係のみの強調は見直され、父親やその他の育児者などの役割にも目が向けられている。三歳児神話には、少なくとも合理的な根拠は認められない」と明記されました。*3 ただし、裏付けとなるデータは示されていませんでした。ところが、アメリカでは一九八〇年代以降、働く女性の増加にともない、母親以外による保育が増加するなかで、一九九一年からアメリカ国立小児保健・人間発達研究所が一〇〇〇人以上の子どもを対象に保育の質と子どもの発達との関連について長期追跡調査を実施しました。一五年以上の研究を経て明らかにされたもっとも重要なことは、母親による養育でもそれ以外の人による保育でも子どもの発達にはほとんど差がなかったという結果でした。また、良質の保育を多く受けることができるなら、子どもの知的、情緒的、社会的発達によい影響をもたらすというものでした。この研究結果は、アメリでの保護者の子どもとの接し方、保育所の選び方、行政による保育制度や保育施設構想にも影響を与えることになったそうです（日本子ども学会編 2013）。

女性たちが結婚・出産後も働きつづけるつもりでいても、周囲から「子どもがかわいそう」「子どものために仕事を辞めたほうがいいよ」と言われると、はじめての妊娠、出産の不安もあって、同調しても不思議ではありません。「三歳児神話」の呪縛から解放されるためには、周囲の人びとの応援がとても大きいと思っています。

子どもは一人か二人で、下の子どもが三歳くらいになれば、B子さんは、子どもを保育所やこども園に預けて、パートタイムで働くようになるかもしれません。

もうひとつ、グラフを紹介しましょう。

図表５－４は、就学前の子どもたちが昼間、どこで過ごしているかという分布を示したものです。

図表５－４によると、〇歳児では、圧倒的に「就園していない児童」の割合が高いです。一歳児、二歳児でも、半数前後が「就園していない児童」となっています。これら「就園してい

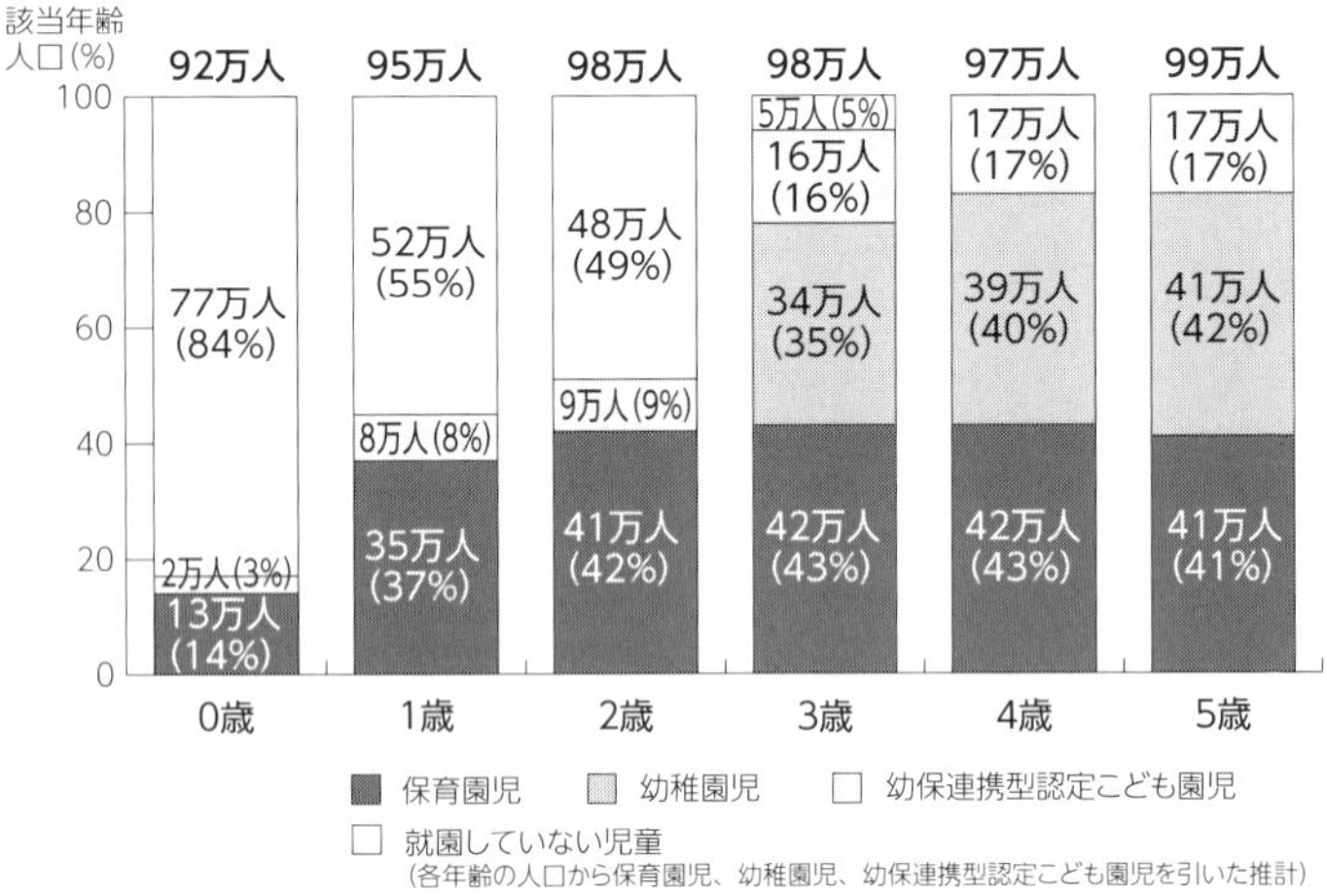

厚労省子ども家庭局保育課「保育を取り巻く状況について」(令和3年5月26日)より

図表5-4　保育園・幼稚園等の年齢別利用者数および割合(2019年度)

ない児童」の大半は在宅であると考えられますが、では、在宅でだれが子どもたちの世話をしているかといえば、圧倒的に母親であると推測されます。

〇歳から五歳までの「保育園児」の場合は、朝から夕方まで保育園で過ごしていることになります。

他方、三歳から五歳で、「幼稚園児」は四〇％前後を占めています。幼稚園は原則、四時間保育です。ですから、九時に始まって一時か二時には終わるわけです。だれが幼稚園児の送迎をおこなっているかといえば、大半が子どもたちの母親であると推察されます。母親が幼稚園児の送迎をしたり、帰宅後は子どもの世話をしたり、相手をしたりする必要があるので、とうていフルタイムで就労することはできません。幼稚園というのは、母親がフルタイムで働いていないことを前提とした就学前教育機関であって、ジェンダー平等の推進にマッチしているとはいいがたいのです。

ここで押さえておきたいことは、子どもたちの多くが物心ついたときから、自分たちを世話してくれるのは母親であり、保育所や幼稚園の先生の多くは女性であるという性別役割分業を当然のことのように学習しながら育っているという実態についてです。このような成育環境で育ちながら、子どもたちがジェンダー平等の意識を身につけることができるのだろうか、果たしてジェンダー平等をいま以上に推進することができるのだろうかと考えると、大いに疑問です。

6 「近代家族」は、ジェンダー平等といえるか？

夫が主たる稼ぎ人で、妻はもっぱら家事・育児を担うという家族の形態は、実は「近代家族」と呼ばれるのですが、いまでは伝統的な家族ということになります。

日本では、明治末期から大正、昭和にかけて、新中間層の広がりに伴って徐々に広まった家族形態で、戦後の高度経済成長期に多くの人びとが雇用者として働くようになり、なんとか男性ひとりの収入で家族を扶養することができるようになったことで、一気に大衆化しました。

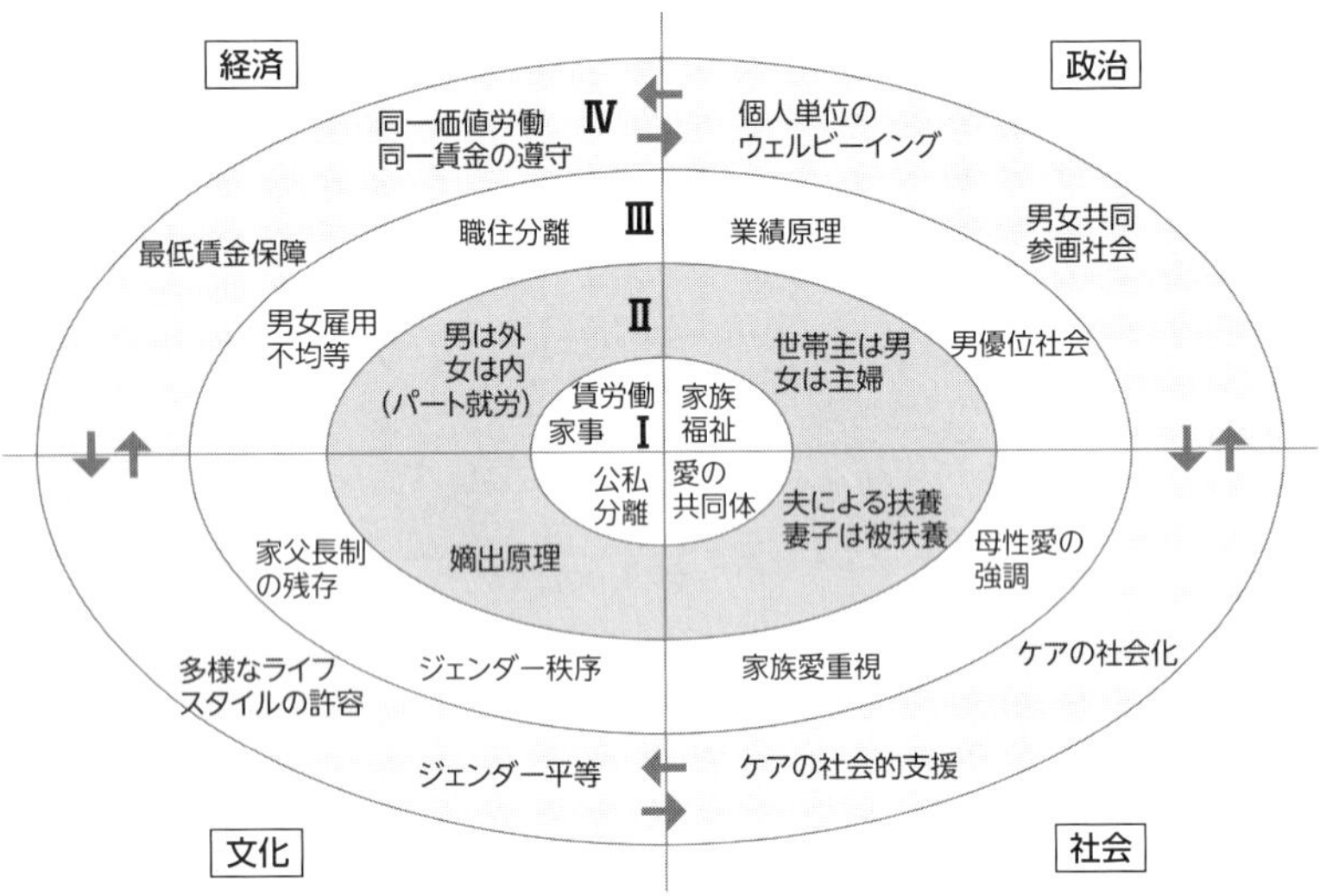

図表5-5　ジェンダー・システムの視点で近代家族を見る（神原 2013）

でも、ジェンダー平等を推進しようとする現代社会にはもはやマッチしない家族形態であって、だから「伝統的な家族」ということになります。

ここで、近代家族の特徴について、ちょっと専門的になるかもしれませんが、図表5−5にもとづいて解説させてください。

図表5−5の中心の楕円内Ⅰは、近代家族の特徴を示しています。まず、公私を分けるプライバシーの観念が生まれて、家族の内と外の線引きが明確になり、家族内はプライバシーの領域となりました。外部から干渉されなくてよくなったのです。また、もっぱら男性が賃労働により収入を得ることで家計を維持し、妻は家

事・育児を無償で担うことになりました。個々の家族単位で家族の幸福を追求することになり、夫と妻も、親と子も「愛情」によるつながりに価値が置かれるようになりました。近代家族の特徴をこのようにとらえると、一見、理想的な家族形態に見えます。

次にⅠの外側のドーナツ型のⅡの部分は、ジェンダーの視点から近代家族の特徴を示しています。

まず、左上ですが、近代家族というのは基本的に核家族で、形式的にはジェンダー平等であっても、経済面では「男は外、女は内」の性別役割分業によって社会を支えることが期待されてきました。夫の稼ぎだけではゆとりのある暮らしを送ることがむずかしい場合には、妻たちが、家事や育児に支障がない範囲で、家計補助のためにパートで働くのはありですよ、と。

でも、このような性別役割分業をこれからも続けていくのか、これからも守っていくのかというと、やはり違うだろうと思っています。とりわけ日本社会では、男性の長時間労働が当たり前になっており、その間、妻たちはほぼひとりで家事も育児も引き受けざるをえない状況にあることから、あちらこちらで弊害が出てきているわけです。

男性の長時間労働が改善されなければ、家事も育児もひとりで引き受けざるをえない女性たちがキャリアを継続することは至難の業《わざ》であり、のみならず、子どもを産みたいと思えなくとも不思議ではありません。

少子化対策として欠けているのは、ひとりで育児を担うことが負担でつらいという現状を大きく改善するための施策であって、そのためには、夫たちが、妻とともに育児も家事も協力して分担できるような働き方を、国がより積極的に推し進めることであると主張したいです。

次に、右上についてですが、政治的な領域についていえば、すでに述べましたが、日本は戸籍制度をとっていますから、結婚して婚姻届を出すときに必ず戸籍筆頭者を決める必要がありますが、その場合に圧倒的に男性が戸籍筆頭者になっています。

住民票の世帯主も夫である男性であって、家族の代表ということになっています。戸籍筆頭者も世帯主もほとんど夫という関係は、ジェンダー平等とはいいがたいのです。ここでちょっと余談ですが、会話のなかで「うちの主人が……」というように、夫のことを「主人」と表現する既婚女性が少なくありません。夫と妻とが上下関係であることを体現している表現を、もういい加減やめてはどうかと思っているのですが、どうでしょうか。

次に、右下ですが、夫の収入によって妻や子どもを扶養することになると、扶養者である夫と被扶養者となる妻とは〝扶養―被扶養〟という関係になります。扶養者と被扶養者との関係は、ジェンダー平等の関係ではないことは明らかです。

妻がパートタイムで働く場合も、夫の扶養の範囲内で働きやすいようにと、政府は、夫に扶養される妻を税制度や年金制度などによって保護してきました。同時にそれは、企業にとっては、夫に扶養されながらパートタイムで働く妻たちを、低賃金で都合よく雇用することができるしくみでもあります。

夫と妻との関係がたとえジェンダー不平等であっても、夫と妻との関係が良好で、夫が家族を大事にしておれば、ジェンダー不平等であることの問題は表面化しないで済むのかもしれませんが。

夫と妻とのジェンダー不平等関係の極めつけは、左下に示している嫡出《ちゃくしゅつ》原理であると私は考えています。

嫡出原理というのは、生まれた子どもの属性にかかわる問題です。

子どもが生まれたときに出生届を出します。出生届の右上のところに「父母との続き柄」という欄があって、「嫡出子」か「嫡出でない子」かのどちらかをチェックすることになっています。嫡出子というのは、婚姻関係にある男女の間で生まれた（正統な）子どもという意味です。嫡出でない子というのは、婚姻関係にない女性が産んだ（正統でない）子どもという意味です。

もう少し掘り下げて説明すると、男性にとって、自分と婚姻関係にある女性が産んだ子どもだから自分の子どもに違いない、だから正統な子どもということです。

ところが、婚姻関係のない女性が産んだ子どもの場合は、子どもの父親がだれかわからない場合もある、男性が付き合っている女性が産んだ子どもであっても、その男性にとっては、正真正銘の自分の子どもかどうかわからないということになるわけです。ですから、婚姻関係のない女性が産んだ子どもは、父親が定かでないという意味で嫡出でない子というふうに区別されてきたのです。

でも、やはり、おかしいです。

女性の立場からすると、相手と婚姻関係があるかないかに関係なく、紛《まぎ》れもなく自分が産んだ子どもです。にもかかわらず、なぜ生まれた子どもが、子どもの父親と婚姻関係のあるなしによって、嫡出子か嫡出でない子かといった区別をされなければならないのでしょうか。いまなお嫡出子と嫡出でない子との区別があるのは、生まれてきた子どもと産んだ女性に対する、ジェンダー不平等がもたらした差別であるといえます。嫡出子と非嫡出子との間の遺産相続における差別的待遇などはなくなりましたが、一刻も早く、差別的な呼称自体をなくすことが必要です。区別が必要なら、婚内子、婚外子とすればよいのです。

図表5－5の近代家族の特徴について解説してきましたが、日本の社会で一〇〇年くらい続いてきたことで、多くの人びとが当たり前と思ってきた近代家族は、そのなかにジェンダー不平等、そして、子どもに対する差別を含んでいる家族形態であるという点を強調しておきます。

果たしてこの先も、このようなジェンダー不平等で、子どもを差別するような家族形態を続けていくのかというと、やはり修正が必要だろうと考えるわけです。

では、どのような家族であればジェンダー平等といえるのか、次に提案します。

7　ジェンダー平等の夫と妻の関係とは？

たとえば、Ｃ子さんは、企業でキャリアとして働いていて、もうすぐ午後七時になろうとしているけれど、どうしてもその日のうちに終わらせる必要のある業務があり、まだ帰るわけにはいきません。四歳と二歳の子どもは、朝から夕方まで保育所に預けています。でも、きょうは夫が子どもたちを保育所へ迎えに行って、夕飯の支度をして、子どもと一緒に食べているので安心です。

このような家族関係はどうでしょうか。

先ほど近代家族モデルを紹介しましたが、今度は、私なりのジェンダー平等の夫妻関係を紹介したいと思います。ちなみに、私はあえて〝夫婦〟という言葉は使っていません。夫妻《ふさい》関係を使っています。夫婦の「婦」という字は、女偏に箒《ほうき》と書いて「婦」ですが、女が箒を持って掃除をしている意味の象形文字であって、私は「婦」は使いたくないからです。

英語の husband and wife をそのままに日本語に変換すると、「夫と妻」になります。夫と妻であれば対等な表記ですが、夫と婦では表記として対等とはいえません。

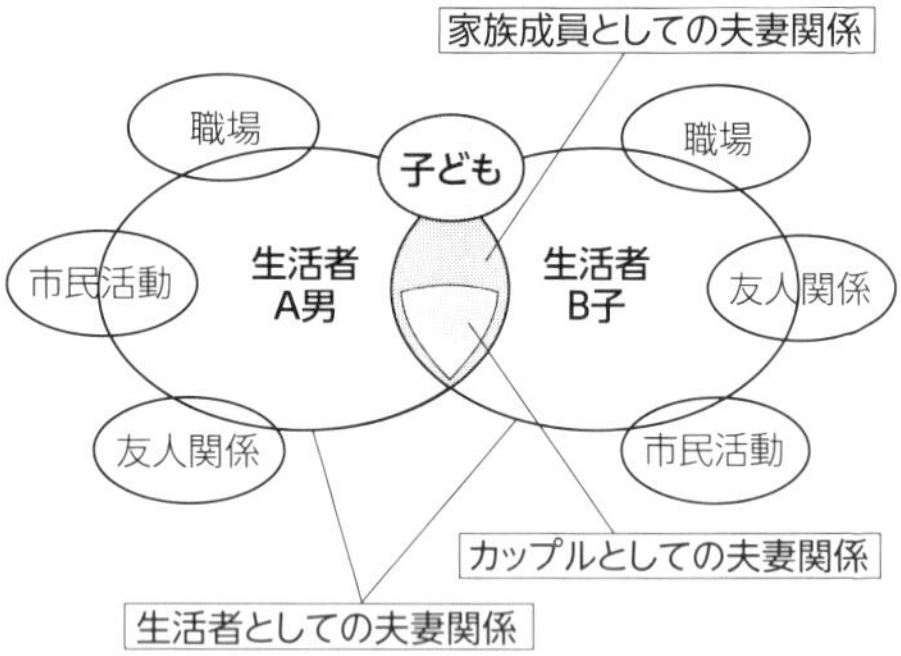

拙著『子づれシングル』(明石書店、2010)より

図表5-6 ジェンダー平等の夫妻関係

英語を日本語に翻訳するときに、なぜ夫妻関係にしなかったのかと思っていますが、私は、おかしいと思うことをそのままにしておけない性分なもので、「夫妻関係」としています。

図表5－6は、ジェンダー平等の夫妻関係を示すモデル図です。

図表5－6では、たとえば、生活者A男さんと生活者B子さんとが結婚して家族をつくります。A男さんの楕《だ》円《えん》とB子さんの楕円の重なる部分が家族です。A男さんとB子さんは、家族の一員として、収入を得ること、家事をすること、子どもが生まれたら子どもを養育することなどを、対等に分担・協力するという関係を描いています。「家族成員としての夫妻関係」です。

図表5－6で注目していただきたいのは、「カップルとしての夫妻関係」の部分です。A男さんとB子さんとが結婚することによって、カップルとして愛を育《はぐく》み合う関係を築きます。

ジェンダー平等の実現をめざすというとき、カップルとしての夫妻関係が対等であることを抜きにはできないと私は考えてきました。

私は、「カップルとしての夫妻関係」について、今日的な存在意義を次のようにとらえています。第一に、互いの肉体的、性的な交わりそのものに価値を見いだすという「エロス的結合」にもとづき、愛を育むことができること、第二に、互いの生命を支え合う「互助的結合」にもとづき、生命を育むことができること、第三に、日常の喜怒哀楽をふたりで共同体験しつづけたいという「共生的結合」にもとづき、共に生きることを喜び合えること、そして、第四に、互いの個を尊重し合える「受容的結合」にもとづき、互いに自己を解放できることです。相手にこのような結合を求める情動を「カップル結合」と呼んでいます（神原 2010、神原 2016）。

現代社会では、カップルとならなくても快適なシングルライフを選択することは容易です。では、果たしてカップルになる意味はどこにあるのでしょうか。

私なりの答えは、少々気恥ずかしいのですが、ふたりで日々の喜怒哀楽をともに経験しながら、ふたりを主人公としたドラマを書き綴《かつづ》っていくことではないだろうかと思っています。実は「ふたり」というのは、婚姻の有無を問いません。性別を問いません。

もう一点、「生活者としての夫妻関係」も、とても重要であると考えています。

たとえば、B子さんは、家族成員として稼ぎ手、妻、母、家事遂行者などの地位に伴うさまざまな役割が期待されてはいますが、家族役割を遂行するために、B子さんの一生活者としての活動が妨げられる必要はないのです。図表5―6で描いているように、B子さんにとっては、家族の一員であることも含めて、たとえば職場で働くことも、友人関係も、市民活動をすることも合わせた全体が、B子さんの生活なのです。妻であり、母であっても、生活者であるB子さんにはB子さんの人生があります。同じように、生活者であるA男さんには、A男さんの人生があります。

家族成員として重なる部分では、A男さんとB子さんとは対等に協力しますが、重ならない部分においては、A男さん、B子さんそれぞれの生活を大切にすればよいのです。互いに干渉し合わない関係です。私は、そのような関係を「疑似他人関係」と呼んでいます。まったくの赤の他人ではないけれど、互いに他人同士として並存する関係です。

「生活者としての夫妻関係」というのは、A男さんとB子さんのそれぞれの家族成員以外の生活部分を含んだ、丸ごとの生活者としてのA男さんとB子さんとの関係を意味します。すなわち、二人の、家族成員として重ならない生活部分については、互いに干渉しないけれども、でも、互いにそれぞれの活動を尊重し合う関係です。さらにいえば、尊重し合うと同時に、応援し合うということができたらかっこいいなと個人的には考えています。

図表5―6では、A男さんとB子さんとを入れ替えてもぜんぜん問題ありません。このような関係がジェンダー平等の夫妻関係ではないのかと考えています。

8　ジェンダー不平等の弊害

反対に、ジェンダー不平等が女性の人生に、そして男性の人生に及ぼす影響について解説しましょう。

二〇〇九年に、日本で育つ子どもの貧困率は一四・二％で、七人にひとりが貧困状態にあるという数値が政府によってはじめて公表されたときは、その高さに日本中が大きな衝撃を受けました。同じ年に公表された、おとながひとりの世帯の子どもの貧困率は五四・三％ときわめて高く、しかも、おとながひとりの世帯の大半が母子世帯と考えられることから、ようやく女性の貧困にも目が向けられるようになったといえるでしょう。

日本では、夫に扶養されている女性や、親族と同居している単身女性の場合は、貧困率はそれほど高くありません。離婚して母子世帯になったり、子どもが独立して単身になったり、あるいは無配偶のシングル女性において貧困率が高くなる傾向にあります。

母子世帯について、図表5－7をもとに少し詳しく説明させてください。

日本で夫に扶養されていた女性が、なんらかの理由（たとえば、夫の暴力、浪費、愛人関係など）によって、①とうとう離婚するにいたる場合、②子どもの八割以上は、今日では母親が親

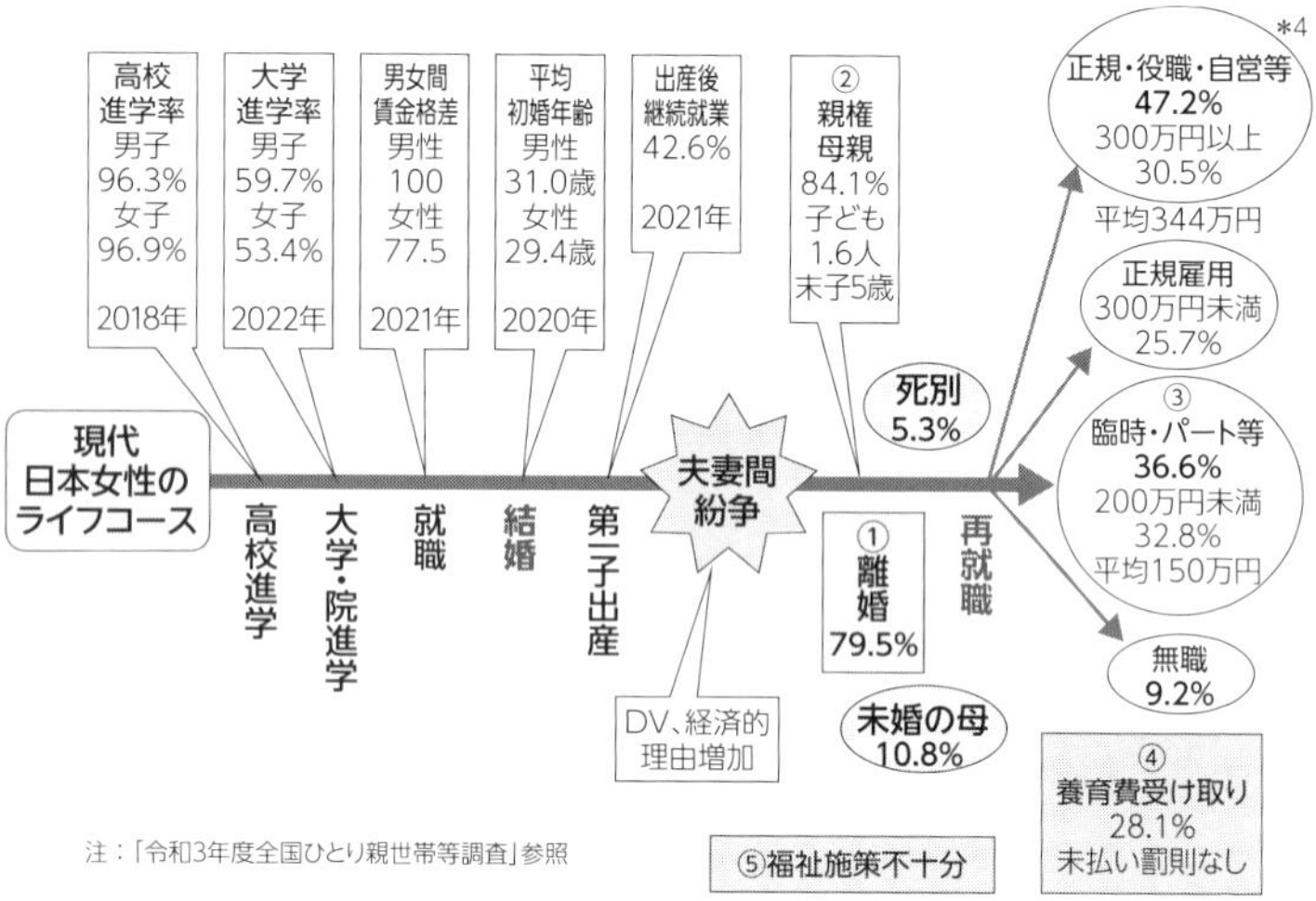

図表5-7　現代日本女性が子づれシングルになる典型的なライフコース

権者となることで、母子世帯を形成することになります。ただ、それまで無職やパート就労であった女性が主な稼ぎ手となろうとしても、図表5－1とも関連するのですが、フルタイムの安定した仕事に就くことは容易ではなく、③非正規就労の場合は、最低賃金が低いために、就労年収は二〇〇万円程度にしかなりません。また、④離別した元夫のなかで養育費を支払っているのは、わずかに二八・一％にすぎません。たとえ元夫が養育費を払わなくとも、なんら処罰されることもなく、いわば〝逃げ得〟なのです。さらに、⑤離別のひとり親世帯が受け取ることのできる児童扶養手当額が決して十分とはいえないことも重なって、貧困を脱することがむずかしいといえます。具体的には、二〇二四年度前半の場合、第一子は上限で月額四万五五〇〇円、第二子の場合は同じく一万〇七五〇円、第三子以降は同じく六四四〇円です。しかも、親の収入が増えるにつれて金額が減らされるしくみになっています。二人目は月一万円程度、三人目は月六〇〇〇円程度で、どうして扶養できるというのかと、正直なところ腹立たしい思いをずっとしてきました。ただし、二〇二四年一一月より、第三子以降も第二子と同じとなりました。とはいえ、少子化対策と関連する児童手当の場合は、三歳から高校生年代までは、一人目、二人目が月額一万円に対して、三人目以降は増額となって三万円（二〇二四年一〇月より）という受給額と比較すると、児童扶養手当の基準額がいかに冷遇されているかがよくわかります。

図表5－8は、ＯＥＣＤ（経済協力開発機構）諸国における子どもの貧困率を示した図です。色が薄い棒グラフは子どもの貧困率、色が濃い棒グラフは、ひとり親世帯の子どもの貧困率を示しています。図表5－8をみると、ひとり親世帯の子どもであっても貧困率の低い国が存在することがわかります。日本は、子ども全体の貧困率はＯＥＣＤ諸国のなかで平均的な位置なのですが、ひとり親世帯の子どもの貧困率は非常に高いといえます。

日本では、雇用労働者である夫に扶養されている妻については、国民年金の第三号被保険者制度によって、保険料を払わずに、将来、年金を受け取ることができたり、税制面でも配偶者控除制度があったり、パートなどで就労する場合にも配偶者特別控除制度があったりと優遇さ

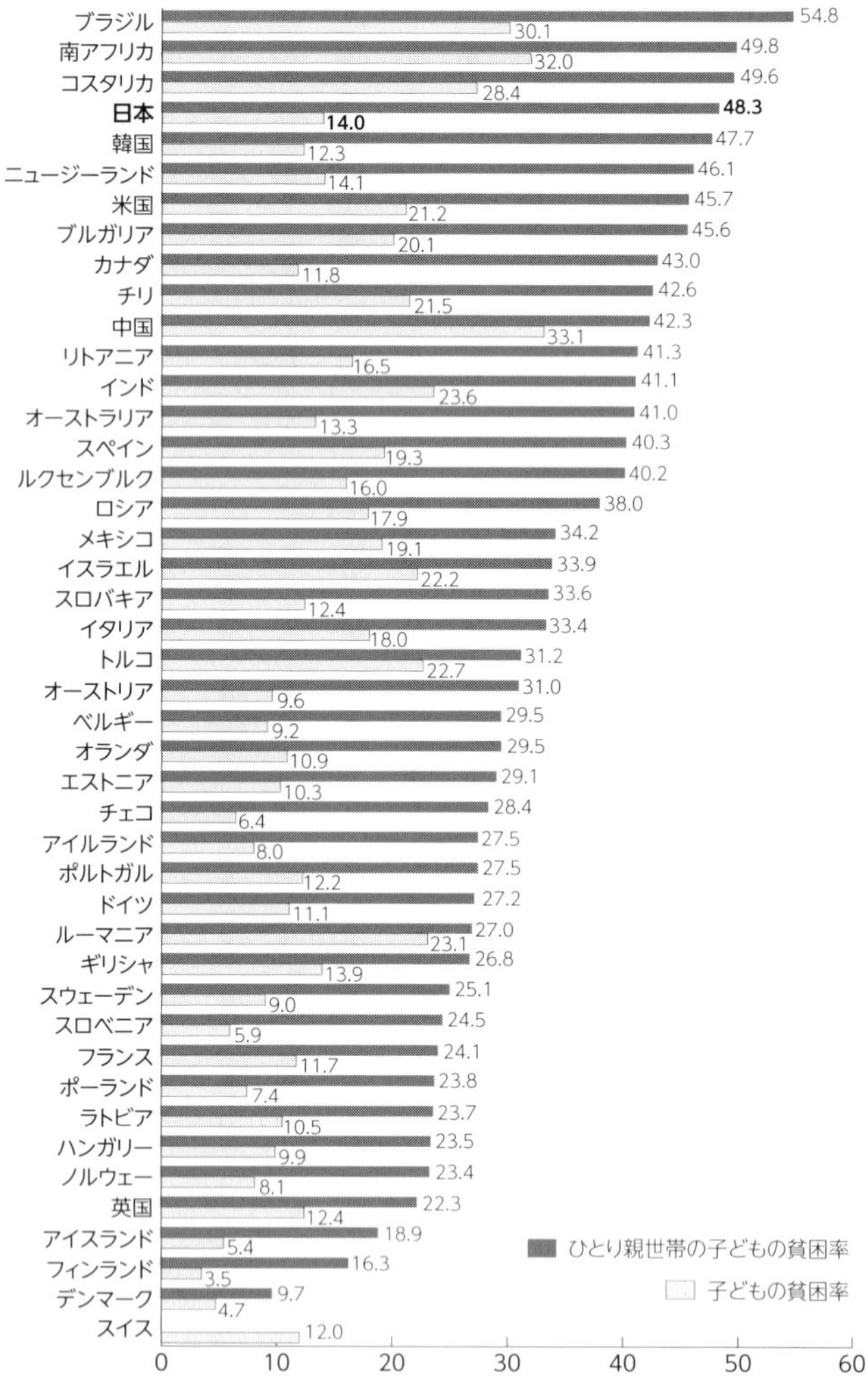

OECD Family Databaseより作成

図表5-8 OECD諸国の子どもの相対的貧困率(2018年もしくは近傍年のデータ)

れています。これらの制度が、既婚女性が夫の扶養を離れるほどの収入を得ることへの抑止力になっている側面は否めません。そして、近代家族を存続させる要因になっていると同時に、さまざまな立場の女性の間に不公平を生み出してきたことも指摘しておきます。

それでは、ジェンダー不平等の日本社会において、男性たちは恵まれているといえるのかといえば、必ずしもそうとはいいきれません。日本社会は、男性たちにとっても生きやすい社会とは決していえないようです。

男性が女性よりも恵まれている、あるいは生きやすいとは必ずしもいえないことを示している数値を上げてみましょう。

まず、日本は近年、男女ともに生涯未婚率が高くなっています。だれもが結婚したほうがよいとは、私自身、考えているわけではありませんが、たとえば、二〇二〇年の生涯未婚率をみると、男性二八・三％、女性一七・八％と、男女の間で未婚率に大きな開きがあります。たとえば、三〇歳代の男性の場合、未婚男性の年収の中央値は三五〇万円に対して、既婚男性の年収の中央値は五〇〇万円と、年収四〇〇万円未満の未婚率が高いことが指摘されています。[*5]結婚の条件として収入額が、女性に対しては求められないにもかかわらず、男性の場合には重要な条件になっており、収入の低い男性は多くの女性から結婚相手としてみなされにくいのが現状です。

次に、長時間労働に伴う過労死をみると、二〇二三年度の過労死は一八七件でしたが、そのうち、男性九五％、女性五％と、圧倒的に男性が多くなっています。過労死は、四〇代、五〇代の、いわゆるいちばん働きざかりの年代と六〇代も多いことを付け加えておきます。[*6]

自殺者についてみると、二〇二二年のデータでは、年間二万一八八一人でしたが、男性は一万四七四六人、女性は七一三五人で、おおよそ二対一となっています。[*7]

最後に平均寿命をみると、二〇二三年時点で、女性八七・一歳、男性八一・一歳と、女性のほうが六歳長寿です。

これらはごく限られたデータにすぎませんが、自殺にせよ、過労死にせよ、平均寿命にせよ、男性たちが女性たちよりも生きづらい側面を端的に示している数値といえるでしょう。

ジェンダー不平等であることによって、女性の多くが生涯を通じて自分らしく生きることが制約されざるをえない社会は、女性だけが生きづらいのではなく、実は男性も生きづらい社会であることがうかがえます。

9　なぜ、ジェンダー平等をめざすのか？

では、ジェンダー平等が実現すれば、どんなよいことがあるのでしょうか。

実際のところ、少なくともわが国では、これまでこの問いに対して明確に答えられてこなかったのではないかという印象をもっています。

若い女性たちの間で、高収入の相手と結婚して専業主婦になりたいという希望をいだいている人びとが少なくなく、ずっと働きつづけるようなしんどい生き方をしたくないというのです。女子学生たちからは、ジェンダー不平等といわれるけれど、いまのままでも別に困っていないという声が聞こえてきます。

そこで私は、女子学生たちに次のような質問を投げかけてきました。

Q１　結婚相手の年収がいくらぐらいあれば、専業主婦として生活することができると思うか？

Q２　年収六〇〇万円くらいの男性と結婚することができる可能性は、どの程度あると思うか？

Q３　結婚したいと思う男性の年収が四〇〇万円程度であっても、結婚しようと思うか？

Q４　夫の収入がよくても、夫が長時間労働で、家事・育児を協力してもらえない場合に、ひとりで家事も育児もがんばることができると思うか？

Q５　将来、夫の収入が大幅に減少することがあっても、夫が体調を崩したりして働けなくなっても、家計を維持することができると思うか？
Q6　夫との関係が破綻して離婚することになっても、生活費に困ることはないと思うか？

学生たちの反応はというと、「私は、将来、離婚するような相手とは結婚しません」「先生はお金のことばかり言うけれど、愛があれば幸せです」などといった答えが返ってきました。正直、私は開いた口がふさがりませんでした！

そこで、私は、とどめの一言として「いまの時代に結婚して専業主婦になるということは、池の上に張った氷の上にマイホームを建てるようなものです。いつ、その氷がバリバリと音を立てて割れるかわからないよ」と伝えておきました。

ジェンダー平等の社会になるというのは、女性たちにとってハッピーなバラ色の社会でないかもしれないけれど、女性たちが、自分の生き方をだれかに委ねるのではなく、自分の人生を自分で切り開くことができるようになるということ、同時に、自分の選択に責任を負うということ、そして、男性と対等に、いまよりも生きやすい世の中に変える役割を担うようになるということと考えています。

ジェンダー平等の社会になるというのは、男性にとっては、男性だけで家族のことも社会のことも責任を負わなくてよくなることであり、男性が女性たちのパワーを信じることができて、女性と対等に支え合えるようになるということです。もういままでのように、〝自分は男なのだから、弱音を吐くことなく、どんなにつらくてもがんばるのだ！〟などと思わなくていいのです！

それって、とても心地よいことだと思いませんか。

＊1　WORLD ECONOMIC FORUM Global Gender Gap 2024 INSIGHT REPOR https://www3.weforum.org/docs/WEF_GGGR_2024.pdf
＊2　内閣府『令和3年版男女共同参画白書』より
＊3　厚生省『平成10年版厚生白書』より
＊4　図中の％の数値は、「令和3年度全国ひとり親世帯等調査」のデータをもとに筆者が算出した。
＊5　総務省「令和4年就業構造基本調査」より
＊6　厚生労働省『令和6年版過労死等防止対策白書』より
＊7　厚生労働省『令和4年中における自殺の状況』より

第6章　子どもたちに伝えたい――多様性って何？

1　多様性を尊重する

a　多様性とは

日本には、政界、経済界、地域社会などにおいて、同質であること、変化を好まないこと、長いものに巻かれること、男性優位であることなど、いまもなおムラ社会的な風潮が根強く残っています。

そのため、多様性や異質性が受け入れられにくい傾向にあります。

しかし、そもそも私たち一人ひとりが多様な存在です。この世に、ふたりと同じ個体は存在しないのですから。

多様な存在である一人ひとりを、実は比較することなどできないはずです。

もちろん、オリンピックの一〇〇メートル走で一位になって金メダルを獲得する人、水泳の一〇〇メートル自由形で一位になって金メダルを獲得する人もいます。また、すばらしい研究によってノーベル賞を受賞する人もいます。あるいは、藤井聡太《ふじいそうた》さんのように、将棋界で並外れた実力を発揮する人もいます。芸能界で活躍し、人気を博している人びとも少なくありません。一人ひとり、それぞれがすばらしい才能を開花させた人びとであることは間違いありません。

でも、そのようなすばらしい結果を出した人びとと、いまこうして文章を書いている私自身を比べて、どちらが人間として優れているかと問うても、実は比較などできないはずです。もちろん、私は、オリンピックで金メダルを獲得できるような才能をもっていないし、ノーベル賞を受賞できるような研究もできていません。人に賞賛していただけるような芸術・文化的な特技があるわけでもありません。だからといって、私がだれかと比べて人間として劣っている、あるいは価値がないなどとは、だれも言えないはずです。

何かの物差しを用いてだれかと私とを比べれば、私よりも優れている人はこの世に数え切れないほどおられることは確かです。でも、丸ごとの人間として、だれかと私と比べてどちらが人間として価値があるかという問いには、だれも答えることはできないのです。一人ひとりの人間の丸ごとの価値を、だれも比べることなどできないからです。

もっというならば、丸ごとの人間に優劣をつけることは、だれにも許されないのです。

みなさん方、一人ひとりの丸ごとの価値をだれかと比べることなど、だれも絶対にできないし、してはならないのです。

先日、パリ・オリンピックが終わりましたが、日本では、オリンピックで金メダルを取った人は英雄のように祭り上げられ、世論の期待どおりにメダルを取れなければ誹謗中傷《ひぼうちゅうしょう》されるといったことが起こっています。勝者にならなければ賞賛されないという風潮は絶対におかしいし、ましてや、結果を出せなかった人を誹謗中傷することなど、絶対に許すべきではありません。

オリンピックは元来、参加することに意義があるスポーツの祭典です。勝敗にかかわりなく、オリンピックに参加したことを、そして最後まで力を出し切って競技したことを、もっともっと称《たた》えてよいのではないかと思っています。さらに、オリンピックに出場できなかった大勢のアスリートたちの日々の努力を、もっと称えてよいのではないかと思っています。

同時に、日々、努力しているアスリートと、〝ふつうに〟生活している自分とを比べて、自分の価値が低いなどと絶対に考えるべきではないと思っています。一人ひとりの丸ごとの価値は比べることなどできない絶対的な価値であって、だれも比較などすべきではないと思っています。一人ひとりの絶対的な価値という観念をもっと広める必要があるのでは、と思うのですが、どうでしょうか。

すべての人が他者と異なった個性をもっており、「唯一無二」の存在であり、そのような唯一無二の存在である個々人が、優劣をつけられたり、不利益を被ったりすることなく、共存できる社会を「多様性尊重の社会」と呼ぶことができます。

多様性を尊重する社会とは、「みんな違って、みんなよい」という考え方をだれもが当然のこととして受け入れる社会です。もう少し補足すると、多様性を尊重する社会とは、一人ひとりが絶対的な価値ある存在であって、だれも比較などできないという考え方にだれもが合意している社会です。

「唯一無二」というのは、特別な存在、ほかの人と比べようがない固有の存在、そして、ほかの人と取り替えることができない存在であるということです。だから、絶対的な価値ある存在であると断言したいです。

私たちは一人ひとりが唯一無二の存在であって、比較などできなくて、一人ひとりが絶対的な価値ある存在であるということを自らが確認するとともに、子どもたちにしっかりと確実に伝える必要があると思うのです。

一人ひとりが唯一無二の存在であるという考えにもとづくならば、だれひとりとして、差別されるいわれのある人など存在しないということです。

b　多様性を尊重するとは

では、具体的に何が多様なのでしょうか。

私たち一人ひとりは、さまざまな属性を有しています。たとえば、性別、年齢、国籍、人種、民族、身体的特性、性的指向・性自認（ＳＯＧＩ）などのように、なかば運命的に特徴づけられる属性や、価値観、宗教、学歴、資格、嗜好《しこう》、キャリアなどのように、後天的に身につける属性もあります。一人ひとりが、これらが組み合わさって一個の全体を形作っていることから、おのずと多様になるわけです。

多様性を尊重するというとき、それは、一人ひとりの個としての存在だけにとどまりません。一人ひとりの生き方も、家族のあり方も多様でいいのだ、多様がいいのだ、という価値観を共有するということです。

このことは国全体の問題であり、身近なところでいえば、住んでいる地域の問題です。どういうことかといえば、生まれ育ったまち、移り住もうと思うまちが、だれにとっても安心して安全に暮らせるまちでなければならないということです。

日常生活のなかで、だれもが差別されることなく、危害を加えられることもなく、できれば、困ったときには安心して頼れる人がいて場所があるというまちであってほしいと思います。そのようなまちというのは、何よりもまち全体が多様性を尊重しているまちといえます。

そのようなまちであれば、だれもがこのまちで育ってよかったと思える、このまちで子どもと育ち合いをしたい、このまちで死ぬまで暮らしたいと思うことができるでしょう。

子どもたちは成長して、進学や就職を契機に、生まれ育ったまちを出ていくことになるかもしれません。そのときに、休みになればこのまちに帰ってきたい、いつかこのまちで働きたい、あるいはこのまちで暮らしたいと思えるようなまちということでしょう。このまちで生まれ育って、だれからも大事に育ててもらったと思えるからに違いありません。

C　多様性を尊重する実践

子どものころ、どんな遊びが好きでしたか。外で、大勢で遊ぶことが好きだった人もいれば、室内で、ひとりで絵本を見たり、絵を描いたり、自分の好きなことをするのが好きだった人もいると思います。いつもどんなときもみんな一緒である必要はないのです。

たとえば、保育所での過ごし方で、みんなが一緒のことをするプログラムが少しだけ決まっていて、それ以外は子どもたちが自由にやりたいことを選ぶことができるといいですね。

日本では、小学校でも多くの時間、子どもたちは一斉授業を受けることが期待されています。しかし、国によっては、一斉授業がふつうではありません。少人数クラスで、子どもたちは好きな学びを自分で選ぶことができて、好きなように学ぶことができれば、そして、わからないところは教師がサポートしてくれたら、子どもたち一人ひとりが積極的に学び、学ぶことのおもしろさに気づいていけるかもしれません。さらに、夢中になれるものを見つけることができるかもしれません。

小学生の間に、子どもたちに学び方を学んでほしいと期待しています。何よりも学ぶことのおもしろさを経験してほしいと期待しています。教師の役割は、子どもたちが学ぶことがおもしろいと思えるような、学びの機会のしかけ人であることではないかと考えています。

授業のなかでは、学習の多くの時間を、子どもたち同士が意見を出し合ったり、アイデアをまとめたり、わからないことを調べたり、考えたことを発表したりする時間とし、一人ひとりの意見や考えが尊重される経験を重ねるなかで、子どもたちは、違いが尊重される意義を理解していくはずです。

子どもたちの服装についても、型にはめる必要はないと個人的には考えています。子どもたち一人ひとりが、自分にとって快適であると思える服装を選んで身につけることでよいのではないかと考えています。子どもたち一人ひとりが、ぜんぶ異なった個性をもっているにもかかわらず、単一の型にはめようとすると、居心地の悪さを感じる子どもがいても不思議ではありません。なんらかの居心地の悪さを感じる子どもの思いを無視するようでは、子どもの人権を尊重する学校とはいえそうにありません。「こんな窮屈な制服いやだ!」「こんなヘアスタイルいやだ！」と声を上げようものなら、従来であれば、「わがまま」ということで、そのような声はしばしば押しつぶされてきたに違いありません。児童や生徒が学校の規律を守ること、あるいは〝統一感を保つこと〟よりも、子どもたちの多様性を尊重し、一人ひとりが自由にのびのびと学べる環境を保障することのほうが、はるかに子どもの人権尊重という理念にかなっていると考えます。

話が少し逸《そ》れるかもしれませんが、私が担当していた授業のなかで、学生たちに、たとえば「一〇＋一〇が二〇にならないものを考えてみてください」といった質問をしたことがあります。質問の意図は、世の中には答えがたったひとつしかないという問題はむしろ限られていて、いくつも答えがある、あるいは、どんな答えが正解か決めることができないなどといった問いもたくさんあるということを理解してもらうことでした。

さて、一〇＋一〇が二〇にならないものの一例は、温度です。一〇度の水一カップに一〇度の水一カップを加えても、二〇度の水にはなりません。ちなみに、私たちが日常生活で用いているさまざまな尺度（ものさし）のなかで、「絶対的０」という原点のある尺度で測ることのできるもの、たとえば、重さや長さなどは、足したり引いたりできますが、原点がない尺度で測っているもの、たとえば、温度、硬度などは、足したり引いたりできません。

生き方の多様性を尊重するということは、人生のなかでどのような学びをするか、どのような職業を選択するか、どのような人間関係を築くか、人それぞれですが、それらの選択の違いによって、だれも差別や不利益を被ることがあってはならないということです。

結婚しないこと、結婚しないで同棲《どうせい》すること、子どもを産まないこと、結婚しないで子どもを産むこと、異性ではなく同性との結婚を望むこと、離婚すること、子づれシングルになることなど、生き方や家族のあり方はさまざまであって、どのような選択をしても、差別されたり、不利益を被ったりすることがあってはならないのです。

2　多様な生き方、多様な家族

ここから、多様な生き方、多様な家族のあり方について、だれもがご存じの方々の事例を引用して解説しましょう。

a　夫と妻と苗字が違う

結婚を公表している芸能人の方々で、個人的にすてきなカップルだと思っている方々が大勢おられます。たとえば、安藤《あんどう》サクラさんと柄本佑《えもとたすく》さん、星野源《ほしのげん》さんと新垣結衣《あらがきゆい》さん、山里亮《やまさとりょう》太《た》さんと蒼井優《あおいゆう》さん、松坂桃李《まつざかとおり》さんと戸田恵梨香《とだえりか》さん、水卜麻美《みうらあさみ》さんと中村倫也《なかむらともや》さんなどなど。

これらの方々は、結婚したからといって、どちらかが苗字《みょうじ》を変えるとかではなく、安藤サクラさんが柄本サクラになったり、逆に柄本佑さんが安藤佑になったりしているわけではありません。婚姻届を提出されるときに、どちらの姓に決められたのかは存じ上げませんが、結婚後もそれぞれの方々が結婚前の名前で活躍しています。

実は数十年前では、たとえば、シンガーソングライターの松任谷由実《まつとうやゆみ》さんは、結婚前は荒井《あらい》由実さんで、松任谷正隆《まさたか》さんと結婚して松任谷由実と改姓されました。また、女優の高橋恵子《たかはしけいこ》さんは、結婚前は関根《せきね》恵子さんで、高橋伴明《ばんめい》さんと結婚して高橋恵子に改姓されたのです。

でも、近年、結婚したから苗字を変えましたという著名人を、私自身は存じ上げません。

しかし、前記の方々のように、夫と妻と姓が違っているからといって、「あの人たちは、姓が違うから夫婦らしくない、夫婦にみえない」「夫と妻と同じ姓でないので、家族としての一体感が感じられない」などという声はどこからも聞こえてきません。

にもかかわらず、日本の保守系の政治家たちは、選択的夫婦別姓の法制化について「夫婦が別々の苗字にすると、家族の絆《きずな》や一体感が弱まる」「別の苗字にすると、子どもに好ましくない影響を与える」などを理由として、何の客観的証拠も示さずに、審議さえしようとしてきませんでした。

実は、選択的夫婦別姓の法制化については、約三〇年前の一九九六年に法制審議会が民法の一部を改正する法律案要綱のなかで答申しました。すなわち、「一　夫婦は、婚姻の際に定めるところに従い、夫若しくは妻の氏を称し、又は各自の婚姻前の氏を称するものとする。／二夫婦が各自の婚姻前の氏を称する旨の定めをするときは、夫婦は、婚姻の際に、夫又は妻の氏を子が称する氏として定めなければならないものとする」と明記されました。しかし、答申が出されたにもかかわらず、それ以降、保守系の政治家たちの反対で改正法案が国会に提出されることもなく、棚上げにされてきたのです。

選択的夫婦別姓制度が法制化されても、すべてのカップルが別姓にすべきであるということではなく、婚姻するときに夫婦同姓か夫婦別姓かを選択できるという改正案です。いろいろな理由から夫婦同姓を受け入れられないために、婚姻を受理されないことによる不利益を被っている人びとを放置していることは、多様性の尊重に反しているといえます。

ちなみに、近年では世界のなかで、結婚したら夫と妻は必ず同じ姓にしなければならないという国は日本だけになっていると聞きます。

お隣の韓国も、中国も、台湾も、理由は別としても、元来、夫と妻は別姓です。ヨーロッパの国々でも、選択制の国や別姓を原則とする国など、さまざまです。

私の研究者仲間では、主に二つの方法をとっています。婚姻届を出さないで非婚のままパートナーと同棲しているタイプ。子どもを産んで、二人で育てている、育ててきたという人びともいます。

もうひとつは、婚姻届を出して、戸籍上はどちらかの姓に変えているけれども、研究上、仕事上は元の姓を通称名として使っているというタイプです。でも、税金関係、パスポート、保険証など、通称名を使えない場合があって、戸籍上の名前と通称名とを使い分けるのは、いろいろと不便なこともあるようです。

ところで、女優の寺島《てらじま》しのぶさんについては、よくご存じだろうと思います。非常に演技の上手な女優さんで、私も大好きな女優のおひとりですが、彼女は、フランス人の建築家のローラン・グナシアさんと結婚しました。そして、息子さんがいます。彼女の本名は「寺嶋グナシア忍」とのことです。ミドルネームとして夫の姓が入るというのもありだと思います。

実は、姓に関しては私は別のアイデアをもっています。

結婚に際して夫と妻が同姓にするにせよ、夫と妻が別姓にするせよ、そもそも「姓」自体が家制度を引きずっているのであって、そのような「姓」から解放される選択肢もありなのではないかと考えています。

たとえば、一八歳なり二〇歳なり、あるいは結婚するときでもいいのですが、保護者からの独立の証《あか》しとして、新たに姓を創るという選択肢が保障されてよいのではないかと考えています。そして、その姓を一生、自分の名前として使うようにすればいいのです。

b　子づれシングルになる

次は、離婚して子づれシングルになるという選択についてです。

芸能人の方々のなかで、離婚して子どもを引き取って、子づれシングルとなっているすてきな方々が少なくありません。

杏《あん》さん、吉瀬美智子《きちせみちこ》さん、宇多田《うただ》ヒカルさんなどなど。

ちなみに、「子づれシングル」という呼び方は、私の造語です（神原 2010）。

子づれシングルというのは、パートナーはいないで、子どもを養育しています。その子どもの養育に私が責任をもっているという、一生活者を意味します。

子づれシングルは、男性であるか、女性であるかという性別を問いません。

子づれシングルのなり方として、死別であるか、離別であるか、あるいは非婚で親になったかという違いも問いません。

さらに、子づれシングルの本人と、養育している子どもとの血縁関係の有無も問いません。とにかく、その子どもが成人するまでは私が保護責任をきちんと果たしますという場合も含まれます。

日本では、子づれシングルについては、女性の貧困ということで取り上げられることが多く、私自身も女性の貧困問題の一環で、日本ではなぜ子づれシングルの多くが貧困になるのかと問うてきました。しかし、子づれシングルが直面する問題は貧困問題だけではありません。

多様性ということに関していうと、日本では今日でも、離婚すること、子づれシングルになることに対して人生の失敗であるかのように見られたり、わがままな女性の行動であるかのようにマイナスの評価をされたりする風潮があります。「バツイチ」などと、マイナスの表現を使ってほしくありません。

しかし、離婚することや、子づれシングルになることに対して、マイナスの評価をしている人びとにはそれなりの理由があるのです。それらの人びとは、日本における伝統的な近代家族、すなわち、稼ぎ手の夫（父親）と、家事・育児を担う妻（母親）と、二、三人の子どもからなる性別役割分業型の家父長制家族を固守したいのです。だから、離婚は、近代家族を破壊するような、わがままで自分勝手な選択であるとみなしていると私はとらえています。

旧態依然とした家族観を盾にして、子づれシングルという生き方を選択した人びとを差別したり、偏見をもって接したりすることを絶対に放置することはできません。

非婚で、子づれシングルになっているすてきな方々も少なくありません。

歌人の俵万智《たわらまち》さん、歌手の浜崎《はまさき》あゆみさんなど。

ここでは「非婚」という言葉を使っていて、「未婚」という言葉を使っていません。未婚というと、結婚することが当たり前なんだけど、私はまだ結婚してません、といったイメージがあるからです。「未婚」ではなく「非婚」と呼ぶのは、結婚するかどうかということを問題にしていないということです。婚姻ということを問題にしていません。

婚姻をしないで子どもをもうけて、そして自らの責任で子どもを養育するという生き方を、「非婚」子づれシングルと私は呼んでいます。

子どもの生物学的父親はだれかということは、いっさい公表する必要はないし、ましてや第三者が詮索すべきではありません。子どもの父親のことを知る権利があるのは、当の子どもだけです。

非婚であろうと、自分の責任で子どもを養育するという選択をしたことについて、社会から非難されるいわれはないはずです。しかし、日本では、非婚の子づれシングルになることに対しては、いまなお風当たりがきつくて、近代家族に対する裏切り行為であるかのようにみなされて、「恥ずべきこと」といったレッテルが貼られるのが現実です。多様性を尊重する社会とはとても呼べません。

国によっては、たとえば、ヨーロッパのスウェーデン、デンマーク、フランスなどでは、近年、生まれる子どもの半数、もしくは半数以上が両親が結婚しないで生まれているのです。子どもの立場からすると、両親が婚姻関係にあるか、婚姻関係がないかという違いによって差別されることは一切ありません。その国の子どもとして、社会の子どもとして、国が責任をもって、子どもの人権を尊重しながら、子どもの育ちを保障しましょう、ということです。

これらの国々では、婚姻届を出したから何か得することがあるわけではなく、逆に、婚姻届を出さなくても差別されたり不利益を被ったりすることもないのです。子どもがある程度大きくなってから婚姻届を出す人もあれば、一生、婚姻届を出さないまま、カップルとして生活している人もいます。これらの国々においては、婚姻届を出していないから家族を大切にしていないなどという話はどこからも聞こえてきません。

多様性を尊重するということは、個々人の自由な選択の余地が広がることでもあるといえます。さまざまな生き方をすることによって、いかなる差別も被るいわれはないし、いかなる差別も許されるべきではないということを押さえておきます。

c　セクシュアリティの多様性

美輪明宏《みわあきひろ》さんについては、みなさんもよくご存じだと思います。

私自身の恥ずかしい話をしますが、何十年か前、美輪さんの女装姿をはじめてテレビで拝見したときに、「えっ、何この人！」と、正直なところ思いました。「髪をこんな黄色にして、何？この人は男性でしょ！」と、かなりマイナスの印象をもったのです。ほんとうに当時は私自身の頭が固かったなと思います。でも、ずっと拝見していると、徐々にすごくすてきだと思えるようになりました。

同じように、女装されているマツコ・デラックスさんも男性です。この方は、ご自分のことをタレントであり、女装家と名乗っています。毎日のようにテレビで拝見する機会があると、いまではぜんぜん違和感がありません。

男性で、女装するというライフスタイルを選んでいる方々について、だれもとやかくいう筋合いはないはずです。

多様性を尊重するということは、さまざまなライフスタイルを選択することを尊重し合うということです。

次に、上川《かみかわ》あやさんという方を紹介しましょう。この方は、現在、東京都世田谷《せたがや》区議会議員です。実は彼女は、二〇〇三（平成一五）年にわが国で「性同一性障害者の性別の取扱いの特例に関する法律（略して「性同一性障害特例法」）」が成立したとき、家庭裁判所に性別の変更を届け出て認められ、戸籍上も女性になりました。名前も「礼」から「あや」に変えたそうです。事前に性別適合手術も受けていたそうです。

自身が、性同一性障害ゆえに子どものころから生きづらさを経験してきたことから、だれもが自分らしく暮らし、能力を発揮できる街をめざすために議員になったと書かれています。

実は、二〇一九年に世界保健機関（WHO）の「国際疾病分類」が改訂されて、「性同一性障害」という疾患名が廃止され、所属するカテゴリーも「精神及び行動の障害」から新たに創設された「性の健康に関する状態」に移され、名称も「性別不合」となって、精神疾患ではなくなったそうです。

ここで、「性同一性障害特例法」について少し補足をさせてください。

二〇〇三（平成一五）年にこの法律が成立したときの「性別の取扱いの変更」を審判できる条件は、次のようになっていました。すなわち、二人以上の医師が「性同一性障害」と診断している人で、①一八歳以上であること、②現に婚姻をしていないこと、③現に未成年の子がいないこと、④生殖機能を永続的に欠く状態にあること〈生殖能力喪失要件〉、⑤他の性別に係る身体の性器に係る部分に近似する外観を備えていること〈外観要件〉、そして、治療の経過および結果を記載した医師の診断書の提出――これらの要件をすべて満たしている場合に、家庭裁判所が性別変更の審判をすることができるというものでした。

これらの要件を充《み》たせば戸籍上の性を変更できるという点では朗報ではありましたが、とりわけ④と⑤は、性別の取り扱いの変更を望む性別不合の方々にとってはハードルの高い要件でした。しかし、二〇二三（令和五）年一〇月に最高裁判所は、〈生殖能力喪失要件〉について「自己の意思に反して身体への侵襲を受けない自由」という人権を保障する憲法一三条に違反するという違憲判決を下しました。ただし、〈外観要件〉については、審理を尽くしていないとして高等裁判所での審理のやり直しを命じました。

そして、二〇二四（令和六）年七月、広島高等裁判所は、手術を受けずに戸籍上の性別を男性から女性に変更するよう申し立てた当事者に対して、変更を認める決定を出すとともに、「手術が常に必要ならば憲法違反の疑いがある」と指摘しました。

かつて生命科学が十分発達していなかったときは、性別というのは男か女かという二区分しかなかったのですが、生命科学の進歩につれて、性別を遺伝子的にも単純に二区分できないということがだんだん明らかになってきたわけです。

戸籍上は女なのだけれど、女として生きることがとてもつらくて、男に性別適合手術をしたという人もいます。もちろん、性別適合手術をするかどうかはそれぞれの人の選択です。

人数が少ないから異常であるとか例外であるとかではなくて、生物の多様な姿なのだととらえることが重要であり、性別不合の人びとが、性別不合であることによって社会的に差別されたり不利益を被ったりすることなく、安心して生活できることを社会全体で保障することが重要です。

d　同性カップルになるということ

世の中には、愛する対象が異性の人もいれば、同性の人もいます。両方という人もいます。女性の同性愛者をレズビアン、男性の同性愛者をゲイといいます。

残念ながら、日本では同性同士の婚姻は、二〇二四年の時点で法的には認められていません。たとえ愛し合っていても法的なパートナーでないために、相手の手術の立会人になれなかったり、二人でアパートを借りることができなかったり、さらに、日常生活のなかで差別や偏見を被ったりといった不利益を被ることが起こってきました。

ようやく、二〇一五年に東京都渋谷《しぶや》区で最初に同性パートナーシップ条例が成立し、次々と他の自治体に広がっていき、二〇二四年五月三一日時点で全国で四五九の自治体で同様の条例ができています[*1]。

二〇一九年に、五つの地方裁判所で同性カップルが、同性同士の婚姻を認めていない現行の民法と戸籍法は、婚姻の自由と法の下の平等、幸福追求権を侵害していると主張して訴訟を起こしました。二〇二四年三月の札幌高裁、一〇月の東京高裁、そして一二月の福岡高裁では、現行法は違憲であるとの判断が示されました。

以前、私が担当していた『現代家族論』の授業で、特別講師として南和行《みなみかずゆき》さんに来ていただいたことがあります。南さんは大阪在住の弁護士で、弁護士の吉田昌史《よしだまさふみ》さんと同性婚をされていて、自分たちは「弁護士夫夫」だと紹介されています（南・吉田 2016）。授業では、ご自身の経験もふまえて多様な生き方について、そして多様な生き方を尊重する社会のあり方について話をしていただきました。

レズビアンやゲイの人びとが、自分は同性愛者だから、気の合った同性と生涯を共にしたい、結婚したいという願望をいだくのはしごく当然のことだと思うのですが、どうでしょうか。

異性愛の婚姻は法的に認めるけれど、同性愛の婚姻は法的に認めないというのは、やはり同性愛の人びとに対する差別であるといえるでしょう。

もしかすると、読者のみなさんのなかには、同性愛カップルが増えたら子どもがますます生まれなくなって、ますます少子化がすすむのではないかと思っている人がおられるかもしれません。

でも、ぜんぜん心配することではないのです。

海外では、レズビアンのカップルが、一方の卵子と、精子バンクから提供を受けた精子で対外受精によって子どもを産んで、育てているような例があります。レズビアンのカップルだけではなく、ゲイのカップルでも、親に育てられない子どもを養子として引き取って、二人で養育している場合も少なくないそうです。

こういう海外の事例を知ると、ちょっと話がずれるのですが、日本では二〇二一年度、約二万五〇〇〇人の子どもが児童養護施設や乳児院で育っています。そこで、自分たちの子どもはいないけれど、子どもが好きだという人びとが、同性カップルであれ、異性カップルであれ、シングルであれ、児童養護施設で育っている子どもたちについて、養子縁組であろうと、里親であろうと、引き受け手になるという選択肢はどうでしょうか。

養子縁組や里親制度に関心のある方は、一度、自治体の児童相談所に問い合わせてみられたらよいと思います。

e　ステップファミリー

ところで、みなさんは「ステップファミリー」という言葉をご存じでしょうか。日本語にすると「再婚家族」、夫と妻のどちらか、または双方が子どもを連れて再婚して形成された家族のことをいいます。再婚した夫と妻の間に新たに子どもが生まれることもあります。

世間ではどうも、子どもを連れて再婚すると、うまくいかないのではないか、継母に継子がいじめられるのではないか、といった印象をもつ人もいらっしゃるかもしれません。たしかにうまくいかないで離婚するケースもありますが、しかし、ステップファミリーとして、どの子が実子で、どの子が継子かわからないような親密な信頼関係をつくりあげている家族がたくさんあるのです。

多様な家族形態の一種にほかなりません。
当然、差別されたり、偏見をもって見られたりするいわれはありません。

f　シェアハウスの同居人たち

二〇二三年の国民生活基礎調査において世帯構成をみると、単身者世帯が三四・〇%ともっとも多くなっています。[*2]「夫と妻と未婚の子ども」からなる、いわゆる「核家族」の割合は、日本では、増えるどころか、むしろ減少傾向にあります。〝核家族化〟という現象は一九八五年くらいでストップしているのです。

そして、男性も女性も、生涯、結婚しないという人の割合が徐々に増加しています。

このような傾向を反映して、とりわけ都市部では、ワンルームマンションであっても家賃がどんどん高騰しているなかで、家賃の出費を抑えるためだけではなく、気の合った人同士が、それぞれのプライバシーは尊重しながら、緩やかなつながりを維持しようと、マンションのワンフロアを借りたり、一戸建てを借りたりして暮らすという住まい方が徐々に増えてきていますす。複数の個人が共同生活をする住居は「シェアハウス」と呼ばれています。子づれシングル世帯対象のシェアハウスもできています。

二〇二四年六月には、神戸《こうべ》市内に、生活困難をかかえる子づれシングル世帯、単身女性、そして女性の留学生を対象としたシェアハウス「六甲ウィメンズハウス」（通称＝ミモザハウス）が完成しました。私もチョコッとだけかかわらせていただいています。

何より、住まいと住まい方の選択肢が増えることはよいことだと思います。

3 「道徳」教科書にみる〝非〟多様性

ところで、二〇一八年度から小学校で「道徳」が正課に加えられるようになりました。機会あって、道徳の教科書に描かれている家族とジェンダーについて、検定をパスした八社の、一年生から六年生の教科書四八冊の内容を検証したことがあります（神原 2018）。

ジェンダー平等という観点からいえば、描かれている家族像の多くは、前章で紹介した「近代家族」が主流であって、ジェンダー平等とはいえない家族像が大半であることがわかりました。

たとえば、児童の世話をしたり、病気の児童の看病をしたり、児童が学校から「ただいま」と帰ると「おかえり」と迎えてくれたりするのは、いずれも母親なのです。放課後に学童保育へ行っている児童はひとりも描かれていません。

また、子ぎつねを守るために母ぎつねが犠牲になる話や、野口英世《のぐちひでよ》の母親の話などが多くの教科書に掲載されていて、なんだか〝母性愛〟礼賛、あるいは〝母性愛〟信仰とでもいえる内容が目立ちます。他方、父親が子どもの世話をしたり、子どものために犠牲になったりするような話は皆無に等しいのです。父親は、児童に知識を教えたり、諭したり、相談に乗ったりする存在として描かれています。

料理、洗濯、掃除などの家事をしているのは母親です。個人的に気になったのは、「ブラッドレー（お母さん）の請求書」という物語でした。ブラッドレーが、母親の手伝いをしたことで謝金を請求し、お金を受け取って、しめしめと思ったのですが、母親からの請求書には、看病や家事に対する請求額が〇円と記されていたことから、ブラッドレーが母親に詫《わ》びるという内容でした。

母親が家事や育児を無償でおこなっていることが〝美談〟として、〝感謝〟の対象として描かれています。しかし、この物語を子どもたちが母親の〝愛情労働〟に感謝するというところで終わらせてよいのかと、非常に疑問に思いました。

この教材については、家事というのは、母親が家族への愛情の表現としておこなうものなのか、家事は無償でおこなうのが当然なのかと問うてほしいと期待しています。子どもたちには、だれが家事をすべきなのか、あるいは、家族のなかで家事をどのように分担・協力すべきなのかと考えたり、話し合ったりする教材にしてほしいと願っています。

さらに、看護師として働く母親が、帰宅が遅くなって、お惣菜《そうざい》を買ってきたときに、児童が（あーあ、きょうもスーパーで買ってきたおかずか。たまには、お母さんの手作り料理がたべたいなぁ。）と思っている描写に出会ったときは、この物語の執筆者と教科書の編集者に対して、このままの内容を掲載していることに憤りを覚えました。

帰宅が遅くなった母親に対して、一言、ねぎらいの言葉はないの？　お母さんの手作り料理がどうしても食べたいのなら、母親が休みの日に料理の仕方を教えてもらって、あなたが家族のために作ったらどうですか、と私ならこの児童に言いたいと思いました。

道徳という教科は、個々の教材をとおして児童に〝のぞましさ〟や〝あるべき〟姿を教えることが目的ですよね。その道徳の教科書に描かれている父親と母親の役割分担の大半が性別役割分業型であって、明らかにジェンダー不平等の形態でよいのでしょうか。児童が、道徳の学習をとおして性別役割分業が当然であるという価値観を身に付けることにならないだろうかと、私は非常に危惧しています。

もう一点、気になったのは、四八冊の教科書、ぜんぶで四五九章のなかで、多様な家族像がほとんど描かれていないことです。両親が離婚した子どもや子づれシングル世帯で育っている子どもは、教科書にまったく登場していません。国際結婚の家族は一例、障害者の家族は一例（二社）描かれているだけでした。

日本の公教育の場で子どもたちが、ジェンダー平等の価値観や多様性を尊重するという価値観を十分に修得することができるのだろうかと大いに疑問をいだいています。

せめて道徳の授業では、道徳教科書の内容を人権尊重、ジェンダー平等、多様性の尊重の観点から批判的にとらえてほしいと願っています。学校の先生方の批判力にかかっています。

そして、保護者の方々には、できれば、道徳の教科書を子どもたちと一緒に読んで、内容についで子どもたちと話し合っていただきたいと願っています。

4　多様性を尊重するまちとは

一人ひとりのライフコースにおいて、恋愛する、結婚する、妊娠し出産する、あるいは、子どもが生まれてから離婚することになって子づれシングルになる、また、子づれで再婚することもあるかもしれません。

結婚しないでひとりで生きる人、離婚して、また、ひとりになる人もいます。

異性のカップルも、同性のカップルもあります。カップルとしてでもさまざまな生き方があります。

人それぞれにさまざまな生き方があり、それぞれの人生があるなかで、私たちは、その時々にさまざまな家族の形を選択したり、不可抗力的に突きつけられたりすることがあるかもしれません。

でも、どんな生き方であろうと、どんな家族のあり方を選択しようと、その多様な姿をそのまま受け入れてくれる生活の場が必要です。私たちのまちは、だれもが安心して暮らせる、だれからも非難されることも差別されることも、冷たくされることもない、温かいまちであってほしいと思います。みんなでそういうまちをつくっていきませんか。

＊1　渋谷区および認定特定非営利活動法人虹色ダイバーシティ 2024「全国パートナーシップ制度共同調査」より引用
https://www.city.shibuya.tokyo.jp/kusei/shisaku/lgbt/kyodochosa.html（二〇二四年一一月二五日アクセス）

＊2　厚生労働省 2023「国民生活基礎調査の概況」より引用
https://www.mhlw.go.jp/toukei/saikin/hw/k-tyosa/k-tyosa23/dl/10.pdf（二〇二四年一一月二五日アクセス）

第7章　子どもの人権を尊重するまちづくりの課題は何か

1　おとなの役割

ここで、私たちおとなが、目の前の子どもたちの育ちを支えるうえで、どのような役割を担う必要があるか、箇条書きで示してみましょう。

(1)子どもたちが夢を見つけることと、夢の実現を支える

まずは、おとなである自分自身はどんな夢をいだいているのかと、いま一度、確認することから始める必要がありますよね。

子どもたちにとって、身近にいるおとなたちが、年齢や性別にかかわりなく、夢をいだいていて、夢の実現にむけてとりくんでいる姿こそ、とてもかっこよく映るのではないでしょうか。

(2)子どもたちの自己肯定感を育《はぐく》む

ここでも、おとなである自分自身の自己肯定感はどうかと確認したいですね。

自分のことを好きだと思っていて、そして、目の前の子どもたちに「大好きだよ」という気持ちを言葉と態度で伝えませんか。「きょうも会えてうれしい！」もいいですね。

⑶子どもたちの日ごろの人間関係を豊かにする

自分自身の日ごろの人間関係はどうでしょうか。「元気にしている？」「たまには、一緒に食事をしませんか？」などと声をかけてくれる人はいますか。そのような人がいてくれたらうれしいですね。

目の前の子どもたちに「困ったことがあれば相談してね。力になるよ」「だれも頼る人がいなければ、私に連絡してね。力になるよ」と伝えることができれば、目の前の子どもたちにとって、頼りがいのあるおとなになることができるかもしれません。

⑷子どもの自立を後押しする

私自身、何か困ったことにぶつかったときに、だれかに「ちょっと相談に乗ってほしいのだけど、どうかな？」「ひとりではできないので、力を貸してほしいのだけど、どうかな？」と声をかけることができるだろうか、と考えてみました。なんとかなりそうな気がしています。また、もしだれかから何か頼まれたら、断れない性分なので、後先を考えないで引き受けてしまうことが多いです。そして、引き受けた以上は、けっこうしっかりととりくんできたように思っています。

何よりも、愛する人がいる、愛してくれる人がいる、という相愛関係が、生きるエネルギーであり、生きる喜びですね。

子どもたちがおとなへと成長する過程で、一人ひとりがどんな自立の力を身につけていけばよいのか、子どもたちと一緒に考えていただけることを期待しています。

2　おとなとして子どもたちに伝えたいこと

これまで述べてきたことをまとめる意味で、ここで、おとなのひとりとして、子どもたちに伝えたいことを整理しようと思います。

①すべての子どもたち一人ひとりが「唯一無二」の存在であるということ

私たちは、目の前の子どもたち一人ひとりがかけがえのない尊い存在であるということを、もっともっと言葉で、態度で、子どもたちに伝わるように伝える努力をする必要があると思っています。

②だれもが、自分らしい人生を生き切ることに価値があるということ

だれかと比較するのではなく、自分の人生を自分の選択と意思で生き切ってほしい。

そのために、私たちおとなが、目の前の一人ひとりの子どもをだれかと比較するようなことは絶対にしないと誓います。

ひとりの人間として、「何になるか」ということも大事なことだとは思うけれど、いちばん大事なことは「いま、存在していること」「いま、生きていること」だということを、もっともっと強く伝える必要があるのではないかと思っています。

③自分自身もほかの人も、ともに尊厳を守るということ

だれもが人間として対等であり、等しく価値があることを伝えたいと思います。

そして、子どもたちに、自分が価値ある存在であることを理解できたら、自分の価値を傷つけるような〝恥ずかしい〟行いはしないように、自分で自分をコントロールすることが大事だと伝えたいです。

④相手の言い分をしっかりと聴くということ

私たちおとなは、これからは、もっともっと子どもたちの意見を聴くことにしたということを、子どもたちにきちんと伝える必要があります。そのうえで、言いたいことがあれば、なんでも言ってほしいと伝えたいです。

でも、子どもの言い分を聴くということは、決して子どもの言いなりになることを意味しません。子どもの意見や言い分をしっかりと聴いたうえで、賛否を伝え、それぞれの理由をわかりやすく伝える努力をする必要があります。私たちおとなは、いままで以上に、ますま

す説明力を高める必要があることは確かです。

⑤学校も家族もひとつの社会、だから、みんなで、みんなのためのルールを決める必要があるということ

学校のルールも、家族間のルールも、そして地域のルールも、関係するメンバーみんなで話し合って決めていくということを伝えたいと思います。ルールを決めたなら、子どもだけではなく、おとな一人ひとりも、みんながそのルルに従う必要があるということも伝えたいです。

これまでのルールを見直したり、新たなルールをつくったりするという経験が、子どもたちにとって、何よりも、主権者であることの意味、人権尊重の意味、民主主義の意味を体験をとおして理解する生きた学びになるに違いありません。

⑥「子どもの権利条約」「こども基本法」を子どもたちに伝えるということ

子どもの人権を尊重するための「子どもの権利条約」、そして、日本の「こども基本法」の中身について、子どもたちが理解できるように伝えることが必要です。紙面の都合で、本書では資料としてつけていませんが、ぜひ、ネットで検索していただきたくお願いします。そして、まずは、おとなが学ぶ必要がありますね。

3　子（個）育ちを支える地域システムの提案

子どもの人権尊重という視点にたって、この世に生を受けた「子どもが育つ」うえで、その子どもを受け入れた社会、地域、家族はどのように支援する必要があるかという問いを立てて、子育ち支援システムを考えました。そのなかで、子どもの「親」を引き受けたおとなが、子どもの育ちに責任をとるとはどういうことかということも、あわせて考えました。

図表7－1は、子育ちを支援する地域システム・モデルです。図表7－1のポイントは、以下のとおりです。

第一に、育つ主体は子どもであるということです。最初の確認は、おとなや親が「子どもを育てる」から「子どもが育つ」へ発想を転換させることです。同時に、子育ち支援ネットワークの構築におけるキーワードは、いうまでもなく、「子どもの利益を最優先すること」です。

第二に、子どもは家族に属していますが、同時に、家族の外側に形成される子育ち支援システムにも属することになります。このことは、子どもの育ちについて親のみに全責任を負わせないことを意味しています。

第三に、子どもの親は、こどもの育ちの第一責任者であることに違いはありませんが、親

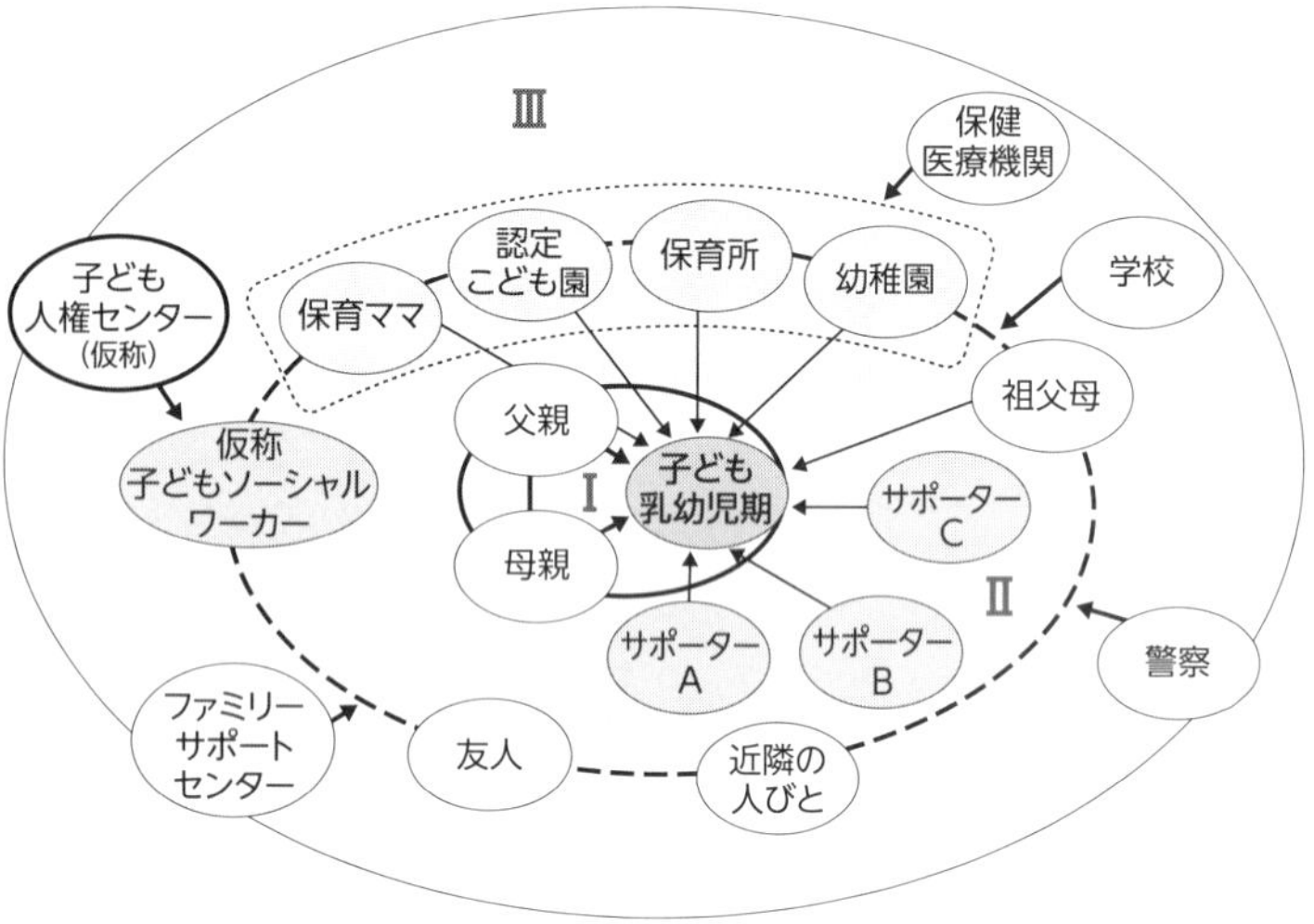

Ⅰ 家族システム　Ⅱ 子育ち支援システム　Ⅲ 子どもの人権保障ネットワーク

図表 7-1 子育ちを支援する地域システム・モデル

の役割は、ファミリー・サポート・センターなどの協力を得て、地域のなかで子どもの育ちを支援してもらえる複数の「サポーター」を依頼し、保育所にも子育ち支援を依頼して、子育ち支援ネットワークを構築することです。子育ち支援における親の責任は、子育ち支援ネットワークが円滑に働くようにコーディネートして、連絡調整をすることです。

第四に、子どもの人権保障にかかわる公的機関は、個々の子育ち支援ネットワークが円滑に働くように、なんらかのトラブルが生じたときに迅速に対処できるように、公的な支援のネットワークを構築する必要があります。

(仮称)子ども人権センターは、子ども

の人権保障を目的として、現在の児童相談所の機能、子どもオンブズパーソン機能、シェルター機能など、子どもの人権尊重のための支援と問題解決にあたる総合的機関として設立されることが期待されます。現在、日本には、子どもの人権尊重のためにワンストップで支援し、問題解決を積極的におこなうような専門機関は存在していません。でも、国が本気で子どもの人権尊重を掲げるのであれば、地方自治体に一カ所ずつ、子ども人権センターの設置を義務づけてほしいと願っています。

さて、ここで、図表7－1に描いている「サポーター」について解説しましょう。

はじめて子どもが生まれて、新米の親になったときに、身近に頼る人がいなければ、とても不安になります。しかも、夜も十分に眠ることができないとなると、マタニティ・ブルーにもなってしまいます。そのため、どなたか地域の方で、子育ち支援の経験があって、子どもの世話を頼めたり、話を聴いてもらえたりする人が子育ち支援にかかわってくだされば、ほんとうにありがたいに違いありません。そして、サポーターさんがその後も、保護者とともに、かかわった子どもの成長をずっと見守りながら、いろいろなお祝い事を一緒に祝ったり、子どもたちの保育所や小学校のイベントにも一緒に参加したりできれば、賑《にぎ》やかになりますね。

最初の子どもの誕生だけではなく、二人目が生まれると、保護者は、時には上の子どもにかかわることが十分にできなくなって、上の子どもが寂しい思いをしたりすることもあります。

そのようなときにも、生まれたばかりの乳児はサポーターさんに看《み》てもらって、保護者は上の子どもとゆっくりと過ごす時間をもつことができれば、上の子どもにとって気持ちが落ち着きます。

豊中《とよなか》市で活動しているＮＰＯ法人「にこにこエプロン」は、出産後に親が孤立しないで済むように、乳児のいる家庭に訪問して母子のサポートをしたり、二、三日分の食事を作る「保育サポート」をしたり、集会所で「子育てひろば」を開催したりしています。このような活動がどこの市にも広がることを期待しています。

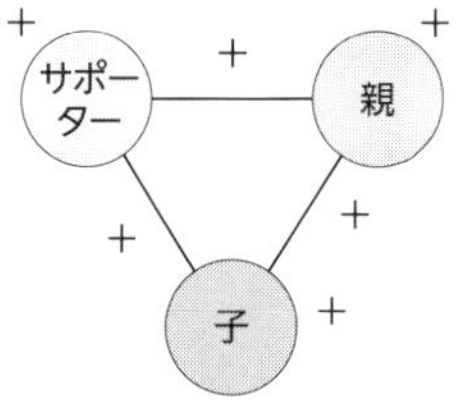

図表7-2
子育ち支援の“一挙三得”

西宮《にしのみや》市には、家族の病気や出産、育児疲れなどにより、子どもの養育が一時的に困難となった場合に、里親の居宅などで子どもを預かる「子育て家庭ショートステイ事業」があるそうです。いいですね。

サポーターとして子育ち支援にかかわると、子どもと保護者だけではなく、サポーターさんにとってもプラスであって、いうなれば〝一挙三得〟であると考えています。

繰り返しになりますが、サポーターさんが子育ち支援に協力してくだされば、保護者はほんとうに助かります。また、子どもにとっても、保護者以外に頼れるおとなが身近にいてくれることは心強いことです。のみならず、サポーターさんにとっては、子育ち支援にかかわること

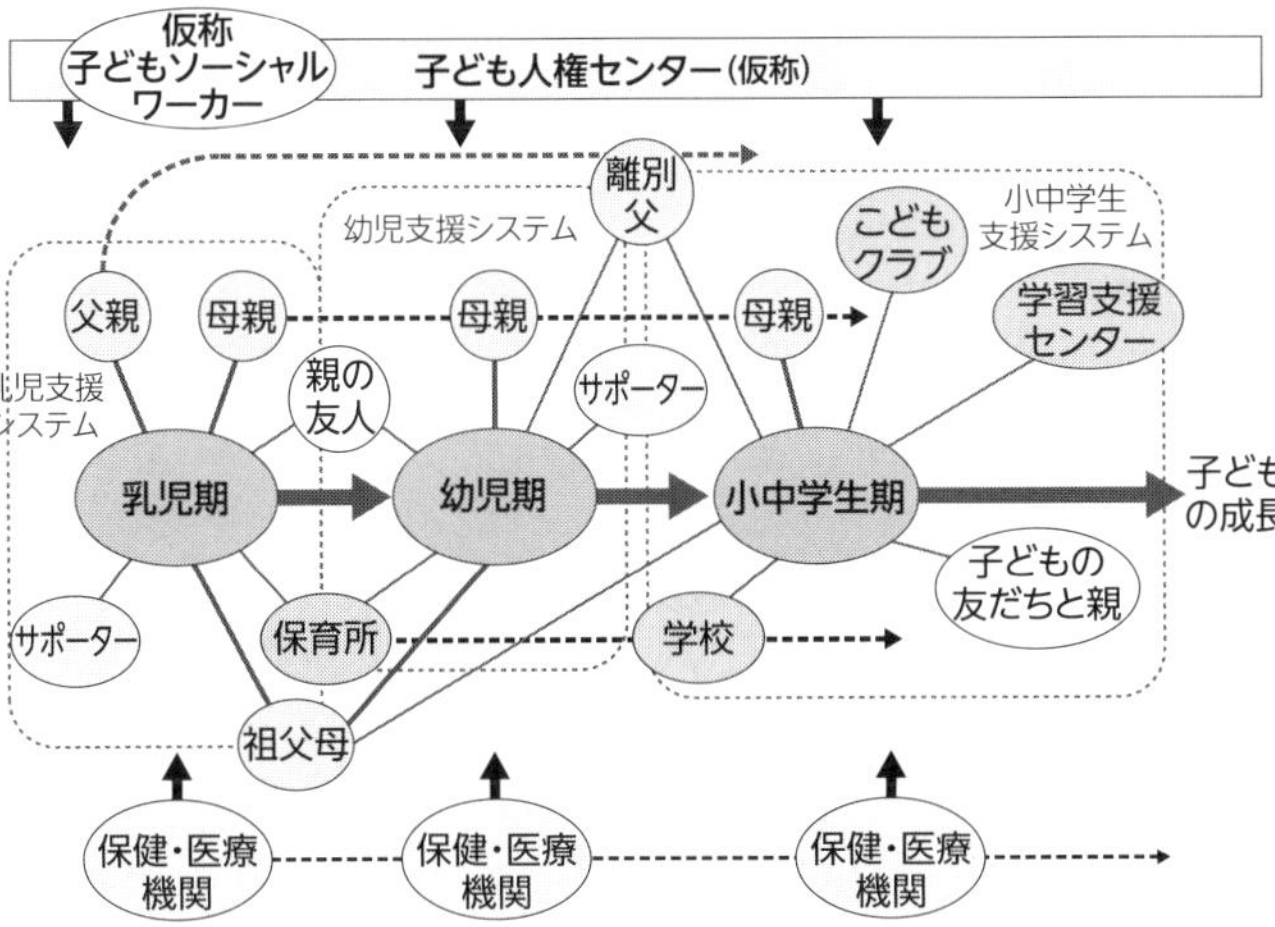

図表7-3　子どもの成長過程と子育ち支援システム

は日常生活のなかで大きな刺激になり、しかも他者に頼られるという喜びを得ることができるはずです。

このようなサポーターの役割が、まったくの無償のボランティアではなく、制度化されて、有償のボランティアになることを期待しています。

図表７―１は、乳幼児期の子どもの子育ち支援システムを示したものですが、子どもが成長するにつれて、図表７―３のように、子育ち支援システムは変化していきます。

図表７―３では、子どもが三歳のときに両親が離婚し、父親が別の地域へ転居することになったことを示しています。たとえ子どもの両親が離婚して、母親と子どもとの世帯になっても、その地域で住みつづけているかぎり、子育

ちの支援ネットワークは継続します。そして、子どもの年齢が上がるにつれて支援にかかわる組織や人は替わっても、支援は切れ目なくおこなわれることで、子どもは安心してその地域で生活しつづけられることを示しています。

重要なことは、子育ち支援システムのメンバーや支援機関は入れ替わっても、支援メンバーや支援機関の間で引き継ぎがなされて、子育ち支援が切れ目なくおこなわれ、子育ち支援に支障をきたさないということです。

私は、講演などに行かせていただいたときに、しばしば、昔は地域の人同士がみんな顔見知りで、声をかけ合ったり、助け合ったりしていたという話、反対に、いまは地域で人間関係が疎遠になったという話を聴かせていただいてきました。でも、昔はよかったと回顧するだけでは、今日の地域の疎遠な人間関係は変わりそうにありません。もし昔のような、だれもが顔見知りで、互いに声かけ合ったり、助け合ったりする人間関係がよいということであれば、そのような関係を人工的につくるしかありません。

そこで、子育ち支援という目的で、地域の新たな人間関係を築いていくことはできないだろうかと考えて、図表7－1、図表7－3のモデルを考えたのです。

ただ、自発的に子育ち支援システムをつくることがむずかしいようであれば、高齢者のための地域包括支援センターのような「地域包括子育ち支援センター」が必要かもしれません。

図表7－3のように、地域のそれぞれの人びとが、その地域で生まれ育っているいずれかの子どものサポーターになっていて、いろいろな関係でつながっていたら、おのずと日常的に声かけをするようになるのではないかと考えたのです。
地域のだれもが、地域のどの子どもとも互いに言葉がけをし合えたら、子どもたちにも、そして保護者にも安心感が広がるのではないだろうかと思っています。

〈補足：こども人権センターの構想〉

「子ども人権センター」とは、すべての子どもの人権を尊重する使命を負い、なんらかの人権侵害によって「生きづらさ」をかかえている子どもについて、子どもの立場にたって問題解決に寄与する専門機関です。

1　子どもがかかえているいかなる問題についても、第一の相談窓口となること。
2　子どもがかかえうる問題を限定しないこと。いじめ、差別、体罰、虐待、不登校、人間関係のトラブル、ヤングケアラー、交友関係における悩み、恋愛・妊娠、などなど。まだ、ほかにもあるかもしれない。
3　子どもがかかえている生きづらさについて、専門の職員は、相談・調整・救済・保護などをおこなう権限を制度的に付与されること。

4　常勤の専門職の職員が常駐しており、迅速に対処できる体制が整えられていること。
5　子どもの人権を尊重する地域づくりのために、市民、市関係者、民間事業者などを対象に啓発、研修をおこなうこと。
6　自治体と民間団体と連携して、二四時間体制で、子どもの生きづらい状況について、子どもとともに問題解決をはかることに寄与すること。

＊子ども人権センターは、オンブズパーソン制度、児童相談所（子ども相談センター）、そして、子供ＳＯＳダイヤルなどの機能をあわせもった組織であることが期待されます。
＊川西《かわにし》市子どもの人権オンブズパーソン制度は、いじめ、差別、体罰、虐待などで苦しんでいる子どもたちの話をしっかり聞いて、子どもにとっていちばんよい解決方法を、子どもと一緒に考え、手助けするという、とても意義のある公的第三者機関です。しかし、オンブズパーソンの任を負っている専門家は非常勤であり、迅速に問題処理にあたるには限界があります。また、ここにあげた、子どもがかかえうるどのような問題にも対応できるわけではありません。
＊子どもの「生きづらい」状況は、なんらかの子どもの人権問題に起因しているという前提で、子どもの話をじっくりと聴き、子どもがどのような問題解決を望むのかを理解し、問題解決

にむけてともにアイデアを出し合いながら、そして、問題解決のために、子どもを取り巻く他者をも巻き込みながら、関係の調整をはかります。時には、子どもを一時保護する決定をします。

＊子どもが差別的な扱いを受けたとして相談をした場合に、相談員が話を聴くだけでは問題解決しません。差別した相手がわかっている場合には、相談員が直接に相手に話を聴き、事実確認をおこない、和解・調整・なんらかの処分（たとえば、市の関係者であれば、行政処分、氏名の公表など）をおこなうことができることが重要です。また、不特定な他者から差別されている場合、時には問題を公表して、市はそのような問題を断固として赦《ゆる》さないという意思表示をすることが重要であると考えます。相談者が、相談しても何も変わらなかったと失望することがないように、ベストを尽くすことが重要です。

＊子どもが学校などで体罰を受けたことの相談であれば、相談員が学校に出向き、事実確認をおこない、学校長、教育委員会と連携をはかり、子どもの安全が確保されるように緊急に対処します。

＊子どもが保護者から体罰を受けているという相談については、子どもの話を聴き、子どもの安全確保に十分配慮しながら、相談員が保護者と話をする、保護者が子どもに体罰をしなくてよいように保護者支援の体制を検討する、保護者に体罰防止プログラムを受けてもらうな

ど、適切な対応を講じます。
＊いじめの問題について、子どもが真っ先に相談できる機関になってほしいと期待します。いじめを受けている子どもは、教師にも、なかには保護者にも相談することを躊躇《ちゅうちょ》する場合があります。子どもが安心して相談できる第三者の存在がとても重要です。そして、相談だけでは終わらずに、納得できるような解決策を講じてくれると子どもが思えることが重要です。
＊子どもの不登校については、現行のスクールソーシャルワーカーの人数を増やすこと。私見としては、スクールソーシャルワーカーが、子どもソーシャルワーカーとして子ども人権センターに配属されることを期待します。子どもソーシャルワーカーとしてのほうが、ダイナミックに動くことができるように思います。もちろん、調査・介入・保護などの権限が付与されることが重要です。
＊子どもがかかえる人間関係の悩みについて、子どもが安心して相談できる体制を整えてほしいです。どの子どもも、ひとりで悩みをかかえなくてよいように、何かつらいことがあれば気軽に連絡して、話を聴いてもらえるような機関であってほしいと思います。
＊さらに、「子ども人権センター」と独立して、子どもコミッショナー制度が設けられることが必要です。子どもの権利が守られているかどうかを行政機関から独立して監視する機関を

設置します。その役割は、子どもの権利侵害に対して救済を提供すること、申し立てまたは自己発意で子どもの権利の保護・促進について行政機関等に勧告等を行うこと、データにもとづいて子どもの権利状況を監視すること、子どもの権利についての意識啓発を図ることとされています（日本弁護士連合会子どもの権利委員会 2023）。

4　子どもの育ちを支援する包摂社会モデル

本章の最後として、私自身が考えてきた、子どもの育ちを支援する包摂型の社会モデルを提案したいと思います。

実は、私自身はどのような社会が実現すればよいと思うのかと、長年ずっと考えてきました。そのなかで、私自身も高齢者世代のひとりとして、少子高齢社会における高齢者の役割は何かと考えてみました。

ひとつ目は、次世代へ負債を残さないことです。金銭的な負債だけではなく、自然環境も社会環境も含めてです。いま以上に自然を破壊しないこと、そして、いま以上に生きづらい世の中にしないことです。

二つ目は、元気な高齢者が地域社会のさまざまなつなぎ役になることです。子育て世代のサポートができます。同世代の介護のサポートができます。若者たちの自主的な活動のサポートもできるかもしれません。

三つ目は、世代間格差の是正に貢献することです。六〇歳以上の世帯主世帯の平均貯蓄額が二五〇〇万円、持ち家率は八〇％だそうです。いまの日本社会は、世代が下がるほど、貧しい人びとの割合が高くなっています。貧しい現役世代が富裕な高齢世代を支えているといえます。

福祉にしても、医療にしても、現役世代が高齢世代を支えるという現行のしくみではなく、世代内で、持てる高齢者が持っていない高齢者を支えるしくみを構築することが重要だと主張したいです。とうてい政治家たちは手を付けたがらないと思いますが。

でも、高齢者が生きている間に、社会貢献として、財力も体力も知力もいま以上に役立てることが推奨されるしくみをつくるとよいと考えています。そうすれば、いまよりは世代間格差を多少なりとも是正することにつながるだろうと思います。

そして、現行制度では、高齢者が亡くなれば、相続税は払うとしても、財産は配偶者と子どもが相続することになります。でも、多くの場合、子どもたちもすでに独立して、ある程度の収入を稼いでいる場合が少なくないはずです。子どもたちにそんなに財産を残す必要はないだろうと思っています。しかも、親の財産の差が子ども世代や孫世代の経済格差につながるのです。「子孫に美田を残さず」でよいのではないかと思っています。

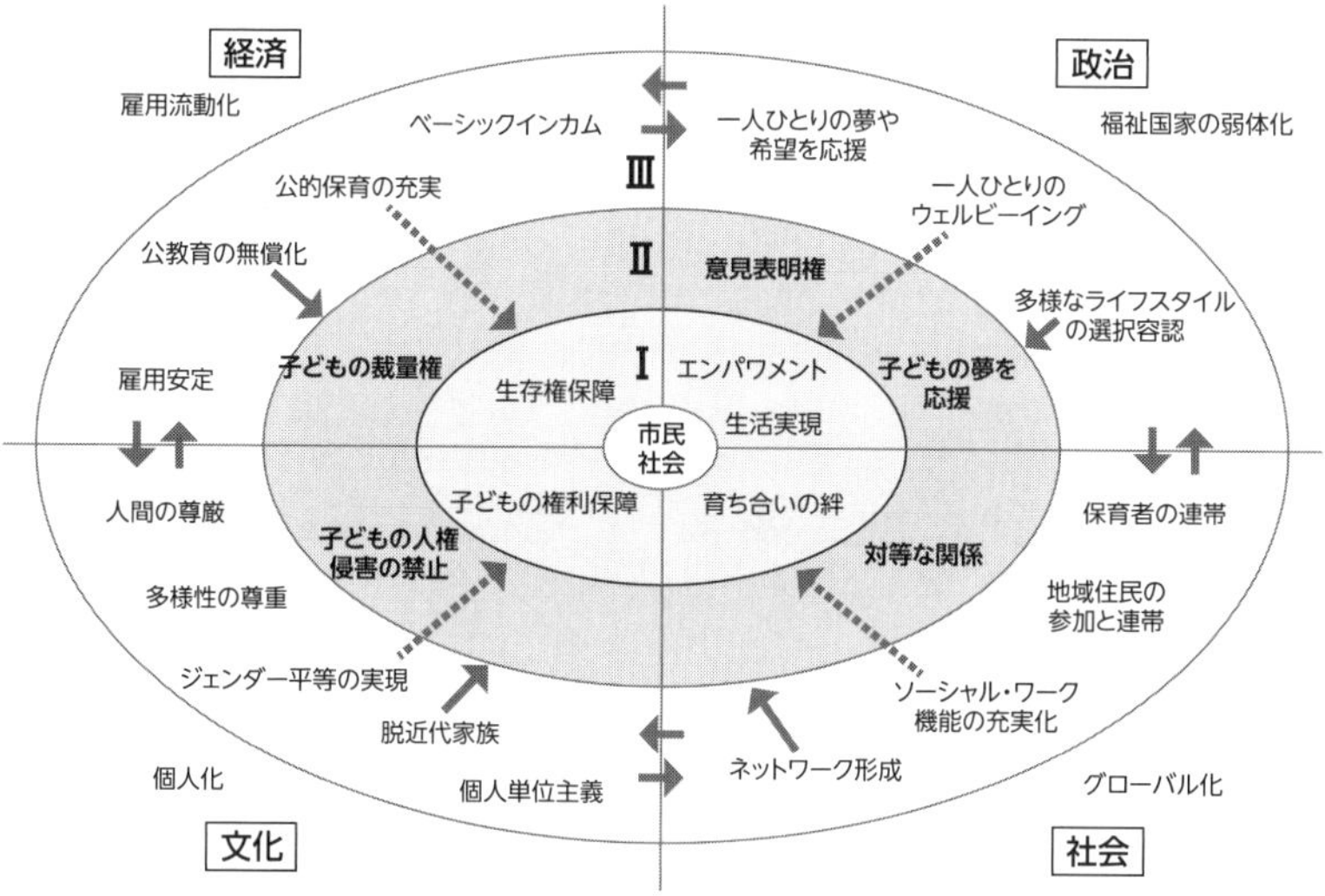

図表7-4　子どもの育ちを支援する包摂社会モデル

四つ目は、六五歳以上が三〇％にもなってきているのですから、そろそろ「敬老」社会から「育ち合い」社会へ転換するときだということです。高齢者同士の育ち合いはもちろん、高齢者と若年者との育ち合いの関係を広めていくときではないかと考えています。

このような考えの延長線上で、次世代がいま以上に快適に安心して暮らすことのできる世の中の実現のために、私たち高齢者が貢献するべきではないかと考えてきました。

そして、子どもが日々、生きていることを喜びとできるような社会のモデルを描いたのが、図表7－4です。

図表7－4の四区分した左上は全体社会

の経済にかかわる領域、右上は政治にかかわる領域、右下は地域社会にかかわる領域、そして、左下は文化にかかわる領域を示しています。

そして、図表7－4の第Ⅰ層は、子どもの人権が尊重される育ちの条件を描いています。すなわち、「生存権保障」「エンパワメント」と「生活実現」「育ち合いの絆《きずな》」、そして「子どもの権利保障」です。

その外側の第Ⅱ層で描いているのは、第Ⅰ層の要素を具体化するために必要な社会的しくみです。

まず、「子どもの裁量権」です。すなわち、子どもの基本的な生活の仕方について子どもが選ぶことができたり、決めることができたりする権利を保障することです。

次に「子どもの夢を応援するしくみ」です。一人ひとりの子どもについて、夢や希望をもつことができるように、そして、それぞれの夢や希望の実現にむけて、それを応援する人、資金、機会を手立てできるしくみをつくることです。

「子どもの意見表明権の保障」は、子どもたちにかかわることがらを決めるときには、必ず子どもたちの意見表明の機会を保障しなければならないということです。

また、「対等な関係づくり」は、おとなと子どもの関係を上下関係、あるいは支配－服従関係という位置づけではなく、年齢関係なしに、だれもが対等で、互いに尊重し合う関係として構築することです。

そして、「子どもの人権侵害の禁止」は、子どもの人権を侵害するあらゆる蛮行を法的に禁止することです。

いちばん外側の第Ⅲ層は、子どもの育ちを支援する包摂型社会の実現のためには、子どもにかぎらず、すべての人の人権を尊重し、だれもが平等で、多様性を尊重する社会であることが必要であることを示しています。

このような包摂型社会は、支配的な国家に委ねるのではなく、主権者である私たち一人ひとりの合意と意思決定によって実現するのであり、私たちおとなが、次世代の若者や子どもたちに少しでも住みよい社会を残していくために、まだまだできること、しなければならないことがあることを示しています。

きょうからすぐにできることがあります。

すべての子どもたちへ、すべての保護者へ、すべての教師たちへ応援メッセージを送ることです。

こんな言葉がけは、どうでしょうか？

・あなたはひとりじゃないよ。
・いつも、私はあなたのそばにいるよ。
・いつでも、あなたの力になる用意ができているよ。

私たちおとなが地域の子どもたちに、日ごろからこんな言葉をかけることができたら、子どもたちの安心感が広がるのではないかと思っています。

保護者にも、先生方にも、声がけしたいですね。

・ひとりでがんばらなくていいよ。

むすびにかえて

実は、「戦争と人権」についての章を付け加えたかったのですが、私の力量不足で、独立した一章として書くことができませんでした。書こうとすると、どれほどの時間を要するか、見当がつかなかったというのが正直な理由です。

二〇二四年二月に、はじめてフィリピンのバギオ市に行く機会がありました。バギオ市は、首都マニラから北に約二五〇キロメートル、海抜一五〇〇メートルほどのところに位置する高原都市です。

バギオ市にあるバギオ博物館を訪れて、二階に展示してあったバギオ市の歴史を伝えるパネルを読み進めたのですが、一枚のパネルを読むうちに、あまりのショックで動けなくなってしまいました。

そのパネルのタイトルは、「戦争占領と解放（War Occupation and Liberation）」でした。

そのパネルには、以下の内容が記載されていました。日本語に訳して紹介します。

バギオ市は、第二次世界大戦中にフィリピンで最初に日本軍に占領された場所のひとつである。一九四一年一二月七日、日本軍が真珠湾を攻撃。翌、一九四一年一二月八日、一八機の飛行機が三つの「V」字編隊を組んでバギオ上空を飛行し、その後、米軍基地のキャンプ・ジョン・ヘイに二五〇キロ爆弾七二発を投下した。米軍は一二月二三日にキャンプ・ジョン・ヘイから撤退した。自治政府は引き続き機能していたが、一九四一年一二月二七日に、三台のトラックに分乗した日本兵が市内に進入し、日没までに第九歩兵師団の全大隊が到着した。フィリピン国旗と米国旗が撤去され、バギオ市庁舎に日本旗が掲揚された。バギオで四〇カ月にわたる日本軍の占領が始まった。

（中略）

バギオに日本軍の本部が置かれていたため、米空軍の明白な標的となった。一九四五年一月七日、ラ・ユニオン州サン・フェルナンドのポロ・ポイントに対する海軍の砲撃と時を同じくして、アメリカの艦載機がバギオを空襲し、ホームズ基地を爆撃した。その三日後、パンガシナン州リンガエン湾には、アメリカ第六軍、第七艦隊、そして数百機の航空部隊と爆撃機からなる大規模な侵攻部隊が到着した。

相次ぐ空襲により、市街地は荒廃した。町の人びとは、荷物を手押し車に積み込み、束にして運びながら郊外へと避難した。七日間にわたって絶え間なく爆撃が続いた。バギオは瓦礫《がれき》の山と化した。建物は崩れ落ち、粉々になったコンクリートの山と化した。かつて木造家屋が建っていた場所には灰が積もり、松林は沼地と化した。

（中略）

一九四五年四月二六日、アメリカ軍は廃墟《はいきょ》と化した都市の支配権を掌握した。一九四五年四月二九日、解放式典でフィリピンとアメリカの国旗が並べて掲揚された。

一九四五年九月に日本軍降伏。

（以下、省略）


日本兵は、奥地へ逃げる途中で、住民に対して略奪、虐殺、レイプなど、あらゆる残虐行為をおこないました。

日本軍の死傷者一〇万人、在留邦人の死傷者数万人、そして、フィリピン人の死者一一〇万人以上だったそうです。

日本軍の死傷者のなかには、戦前に日本からフィリピンに出稼ぎに行って、フィリピン人女性と結婚し、平和に暮らしていたにもかかわらず、戦争が始まったために、現地で召集されて軍属となった人びとがいて、多くが命を落としたようです。さらに、日本人男性とフィリピン人女性との間に生まれた子どもたち（ハポン）は、国籍も取得できないまま、戦後、フィリピン社会のなかで迫害を受けながら、非常に辛《つら》い生活を余儀なくされました（河合・猪俣2020）。長年、フィリピンについて研究されている佐竹眞明さんによると（佐竹2023）、ヨーロッパの国々がアジアの国々に侵略してくるなか、天然資源の乏しい日本は、イギリス、オランダなどと同様に、南方の石油、すず、ゴムなどの資源を確保しようとしていたが、輸送路に位置するフィリピンに駐留していたアメリカ軍を退ける必要があったとのことです。

私にとって、真珠湾攻撃の翌日に、日本がフィリピンを攻撃したという事実を知ったこと、同時に、そのような事実を私たちは学校教育のなかでまったく教えられてこなかったという事実に気づいたことは、大きなショックでした。

フィリピンの人びとは、学校教育のなかで侵略された歴史についてきちんと学んでいます。では、侵略した日本の国民が、他国を侵略したという歴史的事実を学ばなくてよいのかと考えれば、知らないままで済ましているわけにはいかないはずです。

もちろん、広島、長崎の原爆の被害を伝えつづけることはとても重要なことです。と同時に、戦争の加害についても伝える必要があるのではないかと思っています。

私たちは、子どものころから「人のものを取ったら泥棒だ。よくないことだ」と教えられてきました。そうであれば、自国に資源がないからという理由で、他の国を武力で侵略して資源を奪うという戦争は、もっともよくないことだと、子どもたちにしっかりと伝える必要があるのではないでしょうか。

戦争では、兵隊が死傷するだけではなく、はるかに多くの一般市民が犠牲になるのです。戦争は大量殺人です。

戦争では、住宅、インフラ、公共の建物など、あらゆるものが破壊し尽くされます。戦争は大量破壊行為です。

戦争は最悪の人権侵害であることを、戦争加害の反省にたって、次の世代にしっかりと伝えていく必要があると痛感しています。

フィリピンの友人に次のように尋ねられました。

「第二次世界大戦における日本の最大の戦争犯罪者はだれでしたか?」

「だれが戦争の責任を負うべきだと思いますか?」

日本人のひとりとして、私はどのように答えるべきなのでしょうか。

別のフィリピンの友人から、次のような指摘を受けました。

「戦時中に慰安婦として働かされたフィリピン人女性が、すでに一〇〇歳になっている。しかし、日本政府は、彼女たちに謝罪もしていないし、なんら補償もしていない。」

私は、なるべく早く、彼女たちに会いに行きたいと思っています。

フィリピンの友人たちは私に、日本は戦後、フィリピンのために尽くしてくれたし、日本とフィリピンとは友好関係を結んでいると言ってくれます。私がフィリピンを訪れたときは、いつもとても温かく接してくれます。

そんなフィリピンの友人の温かさに応えるためにも、私ができることはなにかと考えてきました。まずは、世界の各地で戦争が起こっているいま、日本国を二度と戦争の加害国にしてはならないということを、そして、戦争は大量殺人であり、大量破壊行為であり、最悪の人権侵害だということを、しっかりと主張しつづけることだと思っています。

また、子どもの人権尊重は、なにも日本の子どもだけの問題ではありません。フィリピンの子どもたちの問題でもあります。二〇二三年のフィリピンの貧困率は一五・五％と公表されていますが、その貧困の定義は、相対的貧困ではありません。フィリピンでは、最低限の基本的な食料と非食料のニーズを満たすために必要な金額を年ごとに計測しており、二〇二三年は年額三万三〇九六ペソとなっており、その額を満たさない状況が貧困ととらえられています。ドルに換算すると（二〇二五年一月七日現在）、一日一・五六ドル未満です。ちなみに、世界銀行が定めている絶対的貧困とは、人間として最低必要条件の生活水準を満たされていない状態を指し、二〇二二年九月に、一日二・一五ドルと設定されました。フィリピンの貧困基準は、絶対的貧困よりも低いことになります！　フィリピンの子どもたちの人権を尊重する取り組みとして、なにかできることはないだろうかと思案しています。

そして、いまも、ウクライナ、パレスチナのみならず、世界の各地で戦争が続いています。戦争の一番の犠牲者は子どもたちです。いま以上に子どもたちが命を落とさないように、そして、平和な日常生活を送ることができるように、一日でも早く戦争を止めろ！　戦争を止めてくれ！　と、声を上げないといけないですね。どうしたらよいか、正直なところ、悶々《もんもん》としています。

実は、原稿を書きながら、出版に値するだろうかと自信をもてませんでした。そこで、頼りになる方々に原稿を読んでいただきました。元小学校教師で、長年、人権学習にとりくんでこられた小西智子さん、大阪城南女子短期大学の保育士養成課程で教育学を教えておられる日高由貴さん、そして、長年、部落解放に尽力してこられた部落解放同盟副委員長で埼玉県人権保育研究会会長の片岡明幸さんです。おひとりおひとりが詳細なコメントを送ってくださって、背中を押してくださいました。ほんとうに元気をいただきました。「発車オーライ！」と、心が躍りました。

ありがたいことに、解放出版社は、採算を度外視？して、出版を引き受けてくださいました。そして、今回も小橋一司さんに編集全般でお世話になりました。小橋さんのサポートのおかげで、内容の信頼性が高くなりました。この場をお借りしてお礼申し上げます。

最後に、ふたりの息子たちはすでに四〇歳を過ぎているのですが、ふたりのおかげで、親として育つ機会を与えてもらったことに感謝です。

二〇二五年　七草の日に

神原 文子

引用・参考文献

天野ひかり・とげとげ 2023『子どもを伸ばす言葉　実は否定している言葉』ディスカヴァー・トゥエンティワン

FTCJ 編 2024『こども基本法 こどもガイドブック』子どもの未来社

堀正嗣 2020『子どもの心の声を聴く――子どもアドボカシー入門』岩波書店

稲葉茂勝 2023『そもそも人権って、なに?』岩崎書店

甲斐田万智子 監修 2023『きみがきみらしく生きるための子どもの権利』KADOKAWA

神原文子 2005「家族と暴力――ドメスティック・バイオレンスの生成過程とコントロール」宝月誠・進藤雄三 編著『社会的コントロールの現在』世界思想社、213-227

神原文子 2010『子づれシングル――ひとり親家族の自立と社会的支援』明石書店

神原文子 2013「家族とジェンダー」木村涼子・伊田久美子・熊安貴美江 編著『よくわかるジェンダー・スタディーズ』ミネルヴァ書房　76-77

神原文子・杉井潤子・竹田美知 編著 2016『よくわかる現代家族・第2版』ミネルヴァ書房　1-196

神原文子 2018「小学校『道徳』にみる家族とジェンダー」『部落解放』解放出版社、756　48-54

Kambara 2020 "Formation of Consciousness to Accept Corporal Punishment : Based on a Questionnaire Survey on the Lives of High School Students" 神戸学院大学現代社会学会『現代社会研究』6　38-55

神原文子 2020『子づれシングルの社会学――貧困・被差別・生きづらさ』晃洋書房

神原文子 2023『部落差別解消への展望――人権意識調査結果から人権啓発の課題がみえた』解放出版社

神原文子・田間泰子 編著 2023『ひとり親のエンパワメントを支援する――日韓の現状と課題』白澤社

神原文子・田村公江・中村哲也 編著 2024『みんなで考えよう！体罰のこと』解放出版社

河合弘之・猪俣典弘 2020『ハポン（日本人）を取り戻す――フィリピン在留日本人の戦争と国籍回復』ころから
南和行 2015『同性婚――私たち弁護士夫夫です』祥伝社
南和行・吉田昌史 2016『僕たちのカラフルな毎日――弁護士夫夫の波瀾万丈奮闘記』産業編集センター
森田ゆり 2003『しつけと体罰――子どもの内なる力を育てる道すじ』童話館出版
森田ゆり 2024『多様性とエンパワメント――競争から共生へ・つながるいのち』解放出版社
日本弁護士連合会子どもの権利委員会 編 2023『子どもコミッショナーはなぜ必要か――子どものＳＯＳに応える人権機関』明石書店
日本子ども学会 編 2013『保育の質と子どもの発達――アメリカ国立小児保健・人間発達研究所の長期追跡研究から』赤ちゃんとママ社
ルイーズ・スピルズベリー 2024『わたしたちの権利の物語／人間の権利』文研出版
三田市 2021『三田市人権と共生社会に関する意識調査報告書』
サリー・J・クーパー著・森田ゆり監訳・砂川真澄 訳 1995『「ノー」をいえる子どもに――CAP／子どもが暴力から自分を守るための教育プログラム』童話館出版
佐竹眞明 2023『フィリピンと日本――戦争・ＯＤＡ・政府・人々』梨の木舎
島村華子 2020『自分でできる子に育つほめ方叱り方――モンテッソーリ教育・レッジョ・エミリア教育を知り尽くしたオックスフォード児童発達学博士が語る』ディスカヴァー・トゥエンティワン
汐見稔幸・新保庄三・野澤祥子 2021『こどもの「じんけん」まるわかり』ぎょうせい
武部康広 2020『身の回りから人権を考える80のヒント』解放出版社
友田明美 2012『いやされない傷――児童虐待と傷ついていく脳』診断と治療社
友田明美 2017『子どもの脳を傷つける親たち』ＮＨＫ出版
友田明美 2024『子どもの脳を傷つける親がやっていること』ＳＢクリエイティブ株式会社

著者紹介
神原文子（かんばら・ふみこ）
社会学者（博士：社会科学）
京都大学大学院文学研究科社会学専攻博士後期課程満期退学。
専門は、家族社会学、教育社会学、人権問題。長年、生活者の視点から差別、暴力、人権課題に取り組む。
主な近著に、『よくわかる現代家族・第２版』（共編著、ミネルヴァ書房、2016）、『子づれシングルの社会学――貧困・被差別・生きづらさ』（晃洋書房、2020）、『部落差別解消への展望――人権意識調査結果から人権啓発の課題がみえた』（解放出版社、2023）、『ひとり親のエンパワメントを支援する――日韓の現状と課題』（共編著、白澤社、2023）、『みんなで考えよう！体罰のこと』（共編著、解放出版社、2024）など。

子どもの人権を尊重するって、どうするの？

2025年４月15日　初版第１刷発行
著者　神原文子
発行　株式会社 解放出版社
大阪市港区波除4-1-37 ＨＲＣビル３階 〒552-0001
電話 06-6581-8542　FAX 06-6581-8552
東京事務所
東京都文京区本郷1-28-36　鳳明ビル102Ａ 〒113-0033
電話 03-5213-4771　FAX 03-5213-4777
郵便振替 00900-4-75417　HP https://www.kaihou-s.com/
印刷　萩原印刷株式会社

ISBN978-4-7592-6820-1　NDC370　221P　19cm
定価はカバーに表示しています。落丁・乱丁はお取り換えいたします。

障害などの理由で印刷媒体による本書のご利用が困難な方へ

本書の内容を、点訳データ、音読データ、拡大写本データなどに複製することを認めます。ただし、営利を目的とする場合はこのかぎりではありません。

また、本書をご購入いただいた方のうち、障害などのために本書を読めない方に、テキストデータを提供いたします。

ご希望の方は、下記のテキストデータ引換券（コピー不可）を同封し、住所、氏名、メールアドレス、電話番号をご記入のうえ、下記までお申し込みください。メールの添付ファイルでテキストデータを送ります。

なお、データはテキストのみで、写真などは含まれません。

第三者への貸与、配信、ネット上での公開などは著作権法で禁止されていますのでご留意をお願いいたします。

あて先
〒552-0001 大阪市港区波除4-1-37 HRCビル3F 解放出版社
『子どもの人権を尊重するって、どうするの?』テキストデータ係

テキストデータ引換券
『子どもの人権を尊重する…』
6820